우뇌를 트레이닝하라!

우뇌를 트레이닝하라!

초판 1쇄 인쇄 2013년 11월 15일
초판 1쇄 발행 2013년 11월 25일

편저자 이병우
펴낸이 이주연
디자인 DesignDidot 디자인디도
그 림 이일선
펴낸곳 도서출판 新진리탐구

주소 경기도 고양시 일산서구 가좌동 487번지
전화 031) 921-3044   **팩스** 031) 921-3042

출판등록일 2009년 1월 28일
출판등록번호 제313-2009-15호
ISBN 978-89-969140-2-0 13320

※ 잘못된 책은 바꿔드립니다.
   가격은 표지에 있습니다.

우뇌를 트레이닝하라!

이병우 편저

新 진리탐구

머리말

사람이 기쁨을 느끼는 물질이 최근 주목 받고 있는 세로토닌과 도파민이라는 신경전달 물질이다. 이 세로토닌이 많이 배출되면 정신적으로 안정되고 기운이 나게 된다. 한편 도파민이 많아지면 쾌감, 기쁨을 느낀다.

우리들의 마음은 이들 신경전달 물질의 영향을 받아 그 양을 늘였다, 줄였다 하는 것이다. 그뿐 아니라 항상 사용하고 있는 신경활동은 강해지고 거기에서 나오는 신경전달 물질의 양은 많아진다. 그래서 될 수 있는 대로 조그만 한 일이라도 기쁨을 찾아내고 즐거운 기분이 되게 유의한다면 뇌는 차츰 기쁨을 많이 느끼게끔 구조로 되어 있다.

이 같은 구조로 되어 있으니 기운을 도울 수 있는 영화를 본다거나 적극성을 자극하는 책을 읽으면 기운이 나고 활동적으로 된다.

기억력이 낮고 불안을 많이 느끼는 사람은 우뇌(右腦)가 잠을 깨지 않기 때문이다. 좌뇌(左腦) 만으로도 성공은 할 수 있다. 하지만 행복하기 위해서는 우뇌의 잠을 깨게 해야 한다. 우뇌를 잠깨게 하여 챌린저(challenger)해서 그 결과, 만약 실패하더라도 행복을 느낄 수 있다.

그리고 우뇌를 잠 깨우게 하는 일은 어렵지 않다. 몇 개월, 몇 년이고 트레이닝(training)할 필요도 없다. "우뇌를 잠깨게 하는 것이 어렵다"고 생각하는 것이야 말로 좌뇌의 음모인 것이다. 왜냐하면 그대들의 우뇌는 잠 깨려고 애를 쓰고 있기 때문이다.

"나는 안 된다"라는 비관적인 생각을 가지면 뇌는 점점 어두운 것만을 생각하게 되고 어두운 것을 생각하면 뇌세포는 사멸해 간다고 알려져 있다. 힘차게 활동적으로 행동하면 뇌는 기운을 돋우는 물질을 내고 세포수를 늘리지만 어둡게 생각하면 세포수를 줄이기 때문에 그대들의 생각이 뇌를 바꾸고 인생을 바꾸게 되는 것이다.

이 같은 것은 공리공론이 아니고 현재의 의학생리학의 성과를 가리키는 말이다. 그러니 이 책을 읽고 우뇌를 기운차게 만드는 습관을 착실히 갖추어서 마음도 몸도 건강하고 공부도, 일도 잘 할 수 있고 인생을 보다 밝은 방향으로 전환하는 결단을 촉구한다.

편저자

목차

제1절 서설
1. 뇌와 마음 / 14
2. 뇌세포를 늘리는 세 가지 방법 / 16
3. 뇌와 식생활 / 20
4. 자신을 스스로 변화시킨다. / 22
5. 좌뇌와 우뇌의 기능 / 24

제2절 우뇌가 잠자는 사람, 각성하기 쉬운 사람
1. 천천히 움직이면 좌뇌가 활동한다. / 30
2. 줄서기를 할 때 우뇌가 활성화 한다. / 32
3. 우뇌를 회전시키면 귀찮은 열에 말려 들지 않는다. / 34
4. 좌뇌인은 순서에 구속 받는다. / 36
5. 우뇌인은 하고 싶은 것에 2등은 없다. / 37
6. 어림셈 할 때 우뇌가 잠을 깬다. / 39
7. 계단을 2계단씩 뛰어올라 끝에 가서는 꼭 맞게 한다. / 40
8. 좌뇌인은 웃음을 강요하고, 우뇌인은 즐거운 공기를 만든다. / 42
9. 우뇌인은 그림 배경을 즐긴다 / 43

제3절 "말"을 바꾸는 것만으로 우뇌는 맹렬히 작용한다.
1. 우뇌인은 기획서를 한 줄로 쓸 수 있다. /46
2. 우뇌인은 말이 짧고 좌뇌인은 말이 길다. /48

3. "칭찬"은 우뇌, "험담"은 좌뇌   / 50
4. 우뇌인은 다시 묻지 않는다   / 51
5. 좌뇌형은 필요이상으로 의문을 갖는다.   /53.
6. 부정적인 말이되면 멈추는게 좌뇌형이다.   / 54
7. 좌뇌 인간은 증거가 없으면 믿지 않는다.   /56
8. 우뇌는 연령을 초월한다.   /58
9. 택시기사와 공유 하는 유익한 정보   /60

제4절   일상생활에서 우뇌 트레이닝
~ 자신 속에 잠자는 "불가사의한 힘"을 끌어내는 24시간

1. 왼손으로 그려보자   / 64
2. 원고를 수정하지 않는 것이 우뇌형이다.   / 66
3. 빨간색 대신 사과를 그리자   / 68
4. 좌뇌인은 그림 윤곽부터 그린다. 우뇌인은 중심부터 그린다.   / 69
5. 사진은 파일에 넣지 말고, 레이아웃해서 붙이자.   / 71
6. 설명은 적은 영화를 보는 편이 말을 많이 할 수 있어 즐겁다.   / 73
7. 음악을 듣고 어떤 강아지가 등장 할 것인지 상상해 보자.   / 74
8. 독서는 우뇌를 눈뜨게 한다.   / 76
9. 우뇌인은 브랜드를 분해해서 맞춤옷을 입는다.   / 78
10. 미적 감각을 무엇으로 훈련 하는가?   / 79

제5절   "몸으로 생각하는 사람"은 언제까지나 젊다.

1. 반복 연습하면 우뇌는 각성한다.   / 84
2. "모르는 부분"에 부딪치더라도 앞으로 나아가자.   / 86
3. 오래산다는 마음을 먹으면 지금 곧 달라진다.   / 87
4. 1년에 하루만 건강진단이라 생각하고 달려본다.   / 89
5. 좌뇌인은 실행보다 조사를 즐긴다.   / 90
6. 일을 정리하는 힘은 우뇌의 집중력이다.   / 91
7. 그리운 곡을 들으면 그 시절의 에너지가 솟아오른다.   / 92
8. 시작하기 전부터 "어렵다"고 생각지 말자.   / 93

제6절 **우뇌로 생각하는 사람의 인생은 풍요롭다.**
～뛰어나게 충실한 인생의 비결은 "우뇌" 에 있다.

1. "재미있다"는 것 보다. 더 낳은 보수는 없다.　/ 96
2. 드레스를 사고 나서 다이어트 한다.　/ 98
3. 동기가 우뇌를 각성케 한다.　/ 99
4. 좌뇌인은 콜렉션이 많은 것을 자랑한다.　/ 100
5. 맛은 그 보다 앞의 행동에서 결정한다.　/ 102
6. 남성도 쓰레기를 치워보면 우뇌가 각성한다.　/ 103
7. "심심하다"는 생각은 평화로운 상태에 있는 것이다.　/ 104
8. 즐거운 일을 남에게서 찾지 말고, 남에게 억지로 시키지 않는다.　/ 105
9. 좌뇌인은 기술을 칭찬하고 기술로 이어진다.　/ 107

제7절 **뇌의 에너지원천은 식사에 있다.**

1. 먼저 식은 뇌를 따뜻하게 한다.　/ 112
2. 아침식사를 하는 사람이 시험에도 강하다.　/ 113
3. 중년이상이 된 사람들의 식사　/ 114
4. 뇌는 "공복감", "만복감"을 판단한다.　/ 115
5. 위 부담을 가볍게 하는 방법　/ 116
6. 체력과 머리피로를 회복하는 아미노산　/ 118
7. 아미노산을 효율적으로 취하는 방법　/ 120
8. 콜레스테롤은 뇌에 좋다.　/ 121
9. 뇌혈관과 몸 혈관의 차이　/ 122
10. 술은 뇌를 이완 시킨다.　/ 124
11. 몸을 지키는 항산화 물질　/ 125
12. 혈액을 졸졸 흐르게 하는 폴리페놀　/ 126
13. 비타민C의 약 600배의 플라반제놀　/ 128
14. 뇌경색을 예방하는 플라반차　/ 129
15. 커피는 졸음을 깨게 하는 것보다 이완 효과　/ 130
16. 커피 향은 사고와 감정을 일시 정지시킨다.　/ 131
17. 생선도 가끔은 먹는 편이 좋다.　/ 132
18. 매실이나 된장도 혈액을 좋게 한다.　/ 134
19. 배설은 뇌, 마음, 몸을 상쾌하게 한다.　/ 135

20. 쾌변은 행복감을 상승 시킨다. / 136
21. 가끔 뇌에도 냄엄함을 가르치자 / 136

제8절 뇌를 자극하는 운동은 두뇌회전이 빨라진다.

1. 책을 읽는 뇌의 모든 부분을 자극한다. / 140
2. 뇌의 워밍업은 단순작업부터 / 141
3. 뇌의 땀은 초월한 기분인 것이다. / 143
4. 뇌를 시동시키는 방법이란 / 144
5. 논리사고를 하는 동안에는 뇌는 그다지 활동하지 않는다. / 144
6. 뇌의 다른 부위에 전기를 쏠리게 한다. / 146
7. 영감을 뇌에 기억시키려면 / 147
8. 뇌가 갖는 힘에 맡긴다. / 147
9. 복잡한 뇌 회로는 아이디어가 생기지 않는다. / 149
10. 뇌 운동을 쉬고 몸 운동을 한다. / 149
11. 울적한 마음에 잘 듣는 BDNF를 만든다. / 150
12. 운동은 뇌를 행복하게 한다. / 151
13. 춤은 시각영역과 운동영역을 자극한다. / 152
14. 평소 쓰지 않는 뇌를 사용해서 재충전 한다. / 153
15. 웃음은 면역력을 높인다. / 154
16. 행복한 이미지를 뇌로 보낸다. / 155
17. 울어서 뇌의 스트레스를 발산시킨다. / 156
18. 눈물나는 소설이나 드라마를 본다. / 158

제9절 뇌를 프레시 하면 마음과 몸이 풀어진다.

1. 뇌의 산소 부족에 신경 쓸 것 / 160
2. 심호흡은 필요 불가결한 것이다. / 161
3. 스트레치로 신생뉴론을 늘린다. / 162
4. 에코노미 증후군이 되지 않기 위해서는 / 164
5. 스트레스 완화로 뇌 기능 높인다. / 164
6. "뇌와 몸과 마음"은 하나로 이어져 있다. / 165

7. 같은 장소에 머무르지 않는다. / 165
8. 음악에서 행복한 기억을 되찾는다. / 167
9. 가슴이 설레이는 느낌은 상당히 좋은 영향 미친다. / 168
10. 감동은 "행복한 뇌"의 영양분이다. / 169
11. 먹는 것에도 행복을 증대한다. / 170
12. 요리를 만들어 오감(五感)을 자극한다. / 171
13. 여행으로 공감뉴론을 훈련한다. / 172
14. 뇌는 두 가지 것을 동시에 생각할 수 없다. / 173
15. 나쁜 시냅스를 퇴화시킨다. / 175

제10절 수면

1. 불면은 뇌에 대미지(damage)를 준다. / 178
2. 밤의 수면부족은 낮잠으로 보충하자. / 180
3. 자고 있을 때에 뇌 안으로 영양이 골고루 널리 퍼진다. / 180
4. 수면으로 신생뉴론을 기른다. / 181
5. 기억을 정착시키는 장치는 수면이다 / 182
6. 수면이 기억을 정착 시킨다. / 184
7. 어려운 문제는 잠으로 해결한다. / 185
8. 영감을 낳기 위하여서는 잘 자는 것이다. / 186
9. 뇌의 흥분상태를 낮춘다. / 187
10. 쾌적한 수면을 취하기 위한 방법이란 / 187
11. 뇌를 쉬게하기 위한 구체적 방법이란 / 188
12. 수면 리듬을 조정하는 멜라트닌 / 189
13. 화를 내는 일이나 불안은 수면의 큰 적이다. / 191
14. 낮잠에서 꿈을 꾼다. / 192
15. 뇌에도 적당한 잠을 공급 / 194

제11절 사는 보람

1. 행복감을 높이는 요령 / 196
2. 목표는 먼저 종이에 써 본다 / 197

3. 실패도 뇌의 학습이 된다. / 198
4. 사명감을 발견한다. / 199
5. 자신을 알고 자신의 색깔을 갖자. / 200
6. 용감성을 기른다. / 201
7. 신생뉴론이 새로운 자신으로 변화시킨다. / 202
8. 적극성을 새로 만들어 내는 테스트스테론 / 203
9. 첫눈에 반한 뇌과학이란 / 204
10. 상대방의 좋은 점을 기억한다. / 205
11. 좋은 일을 하면 뇌에 평온함이 온다. / 206
12. 공감(共感)뉴론을 작동시킨다. / 207
13. 뇌 쪽으로 응원 메시지 / 208

제12절 뇌의 단련기법

1. 우뇌를 많이 쓰면 장수한다. / 212
2. 근육을 단련하고 지방을 연소 시킨다. / 213
3. 마사지와 뇌내 모르핀 / 215
4. 걷는 운동으로 우뇌를 단련하자. / 216
5. 고담백ㆍ저칼로리 식사 / 217
6. 기억력을 높이는 뇌내 모르핀 / 218
7. 활성산소의 독을 중화시키자 / 220
8. 된장을 먹으면 뇌에 좋다 / 222
9. α파(波)를 배출하고 기억력을 개선하는 식품 / 223
10. 스트레스가 활성 산소를 발생한다. / 225
11. 산화(酸化)는 무서운 것이다. / 227
12. 플러스 발상법 / 229
13. 우뇌를 많이 쓰면 α1파 상태로 될 수 있다. / 232
14. 행복한 뇌가 행복한 순환을 만든다. / 234
15. 뇌가 기뻐하는 '좋은 자극'을 계속 보내자. / 235

제1절

서설

사람에게 있어서 일생동안 충실하게 생활할 수 있는 비결은 좌뇌가 아닌 우뇌에 있다. 우뇌인과 좌뇌인은 서로 다른 성격을 갖고 있는데 우뇌인의 말은 짧고 좌뇌인의 말은 길다. 즉, 좌뇌인은 논리적이고 합리적이며 객관적이나 우뇌인은 직관적이며 주관적인 사람이다. 좌뇌인은 실행보다 조사를 좋아하고 우뇌인은 말보다 행동을 좋아한다. 독서는 우뇌를 각성시킨다. 이 같이 우뇌 단련법으로 들어가기 전에 뇌의 기능이나 뇌세포를 늘리고 마음을 밝게 하고 뇌를 기쁘게 하는 자극, 뇌에 좋은 음식 등 일반론을 우선 언급한 뒤에 우뇌의 훈련법으로 들어가는 것이 더욱 도움이 될 것이다.

1. 뇌와 마음

　우리들의 뇌에는 신경세포가 있고, 그 길게 뻗은 돌기로 주위 세포와 서로 연락하고 있다. 정보는 신경세포의 돌기를 전기처럼 전하지만 말단에 전해지면 그 말단에서 물질이 방출된다. 이것이 신경전달 물질이다. 이 물질은 신경돌기와 다음 세포를 연결하는 시냅스의 간격에 방출되면 다음 세포표면에 있는 수용체라는 구조와 결합한다. 또한 세포에 전기 변화가 생겨 그것이 돌기로 전해져 또 다음 세포로 전달된다.

　신경전달물질의 하나인 세로토닌(serotonin, 5-Hydroxytryptamine)이라는 것이 있다. 이것이 다음 신경을 자극하면 다음 신경은 정신을 안정시키는 전두엽의 세포를 자극하거나 불안을 누르는 신경을 자극한다. 하나의 신경세포는 수많은 안정 신호와 흥분 신호로 이루어져 있다. 그 결과 기운이 생겨 불안이 없어지는 구조로 되어 있다. 우리의 기분이나 식욕, 수면을 조절하는 것이 세로토닌이다. 또한 스트레스를 줄이고 생활에 활력을 주기도 한다.

　같은 식으로 우리들의 기분에 관계되는 신경전달물질에 도파민(dopamine)이 있다. 이것이 신경 말단에서 방출되어 다음 신경을 자극하면 쾌감을 낳는다. 그 결과 우리들은 즐겁고 기쁨을 맛본다. 흡연자는 담배를 피우면 도파민이 많이 나와서 기분이 좋아지고 불안이 없어진다. 또한 마약의 일종인 코카인도 같은 작용을 한다. 아이가 좋은 학교에 들어가거나 좋은 회사에 취직이 결정되면 부모도 기쁘지만 그것은 모두 그때 뇌 내의 도파민이나 세로토닌이 증가해 있기 때문이다.

반대로 음침한 것을 생각하면 뇌 내의 세로토닌 등의 양이 줄어들기 때문에 그 영향으로 어떤 일이 발생되면 대단히 불안해지거나 위험에 빠지는 상태가 되어 진다. 몸은 마음이 명령하면 움직이고 마음은 뇌의 작용으로 영향을 받고 있는 것이다. 마음의 변화가 뇌를 변화시키고 뇌의 변화가 마음을 변화시킨다. 이 원칙을 반드시 기억해야 한다. 자신의 뇌를 어떤 상태로 할 것인가는 자신에게 있다는 것을 명심해야 한다.

2. 뇌세포를 늘리는 세 가지 방법

우리 뇌에는 수백억 개의 뇌세포가 있고 하루에 백만 개씩 소멸한다. 수백억 개의 뇌세포 중에 우리가 사용하는 뇌는 전체의 3% 정도라고 하고 뇌세포가 죽어가는 속도가 빠르면 치매와 같은 병에 걸릴 확률이 높다. 뇌세포를 늘리는 방법은 주로 음식을 섭취하는 것이지만 굶주림과 추위에도 뇌세포는 늘어 간다고 한다. 뇌세포를 늘리는 방법은 다음과 같다.

첫 번째는 운동이다. 동물은 운동시키면 기억의 입구인 해마(Hippocampus)세포가 증가한다.

두 번째는 자극적인 환경이다. 놀이 도구가 많은 환경에서는 동물의 뇌세포가 증가한다. 인간 중에서도 피아니스트나 화가, 조각가들은 수명이 길다. 이것은 손이나 손가락을 움직인다고 하는 것도 중요하지만 아름다운 경치를 보거나 아름다운 소리를 듣는 것이 뇌세포를 생성하는데 효과가 있기 때문이다.

세 번째는 훈련이다. 동물에게 미로 깊숙한 곳에 먹이를 놓고 훈련시키는 것이다. 이 실험에서 훈련을 자주 한 동물의 뇌세포는 증가되었다.

동물의 훈련을 사람으로 대체하면 공부 같은 것이 될 것이다. 사람은 나이를 먹으면 책을 읽어도 곧 잊어버린다고 생각하기 쉽다. 또 무슨 이야기를 들어도 곧 잊어버린다. 그러니 새로운 것을 들어도 의미가 없다고 생각한다.

하지만 이것은 틀린 생각이다. 독서와 공부를 하는 것, 또한 새로운 외국어를 외우는 것은 뇌세포를 생성하는 효과가 있다. 잊어버려도 괜찮은 것은 머리를 쓰는 것에 의미가 있기 때문이다.

얼마 전까지만 해도 뇌 세포는 태아로 있을 때에만 분열하고 태어난 뒤에는 뇌세포는 늘어나지 않는다고 했다. 그런데 1998년 미국 캘리포니아주의 소크연구소에서 스웨덴에서 유학한 엘크손이란 연구자가 암세포가 분열하는 연구를 했는데 뇌세포 분열을 확인 한 것으로 발표되었다.

정신분석학자 프로이드는 노이로제는 운동을 하면 치료가 된다고 한다. 몸을 움직인다고 하는 것은 우리들의 마음에 큰 영향을 준다. 먼저 몸을 움직임으로서 뇌의 운동영역이라는 곳에서 몸에 명령한다. 또 움직인 부분에서 오는 감각이 뇌의 두정엽에 있는 체성감각영역으로 보내진다.

뇌는 활동한 부위의 혈류가 늘어 영향이 증가한다는 것은 이미 알려진 사실이다. 최근 유행하는 MRI((Magnetic resonance imaging)도 뇌의 혈류 증가에서 그 부분의 활동을 알려고 하는 장치다. 운동의 효과는 다음과 같은 것이 있다.

고민하고 있으면 뇌의 앞부분인 전두엽에 있는 대상회와 공포의 감정인 편도체라는 고민의 사령탑부분이 항상 활동하게 된다. 그러면 어두운 생각, 싫은 느낌이 항상 머리에서 떠나지 않고 더더욱 음침해진다. 운동으로 뇌의 활동을 고민과 관계없는 방향으로 돌려놓으면 그쪽 신경활동이 활발해지고 고민부분의 활동은 약해진다.

즉 몸을 움직이면서 음침한 생각을 하는 것은 어려운 것이다. 다시 말하면 뇌 활동은 원칙으로 잘 쓰는 신경의 연결을 강화하고 쓰지 않는 신경의 연결은 약해지는 것이다.

그것은 잘 쓰는 신경의 시냅스가 늘어서 연락이 많아지는 것과 거기에서 나오는 신경전달 물질이 많아지기 때문이다.

한편 쓰지 않는 신경의 시냅스는 차츰 결합이 약해지고 결국 떨어져 버린다. 그 잔해는 식세포가 먹어버리는 수도 있다. 이 때문에 사용하지 않는 신경의 연결은 차츰 적어진다.

일반적으로 운동은 밝은 곳에서 한다. 그것이 정신을 밝게 해 준다. 겨울에 햇살이 약해지면 기분이 우울해지는 것은 알려진 일이다.

특히 북유럽처럼 태양이 거의 나타나지 않고 밤이 긴 지역에서는 이 현상을 많이 볼 수 있으며, 이러한 현상을 계절 우울병이라 한다.

이 같은 환자를 햇살이 강한 남국으로 보내면 우울병이 회복되는 것도 이미 알려진 사실이다. 여기에서 이것을 이용해서 밝은 광선을 하얀 들판이나 두꺼운 종이에 반사시켜 보이는 광선요법이라는 치료법이 고안되어 태양열을 받는 것과 같은 효과를 얻어서 어두운 기분에서 벗어날 수 있는 것이다.

눈으로 들어온 빛은 후두엽의 시각영역에 전달되고 여기에서 본 영상이 빛으로 물건의 현상을 비춰낸다. 눈의 신경은 도중에서 시교차상핵이라는 시상하부의 핵에도 연결되어 있다. 이 신경은 한편으로는 뇌의 뒤쪽에 있는 송과체라는 부분에 연결되고 세로토닌을 만들게 한다.

밤에 어두워지면 이 세로토닌에서 또 멜라토닌이라는 호르몬이 만들어지는 것이다. 멜라토닌은 면역력을 높이고 수면을 가져 오고 심장작용을 돕는 역할을 한다. 따라서 낮에 밝은 곳으로 나와서 햇살을 받는 것은 밤에 멜라토닌 생산을 높이는 점에서 중요한 의의가 있다. 멜라토닌은 생체리듬을 완화시키고 좋은 기운을 만들어 준다. 때문에 우울증이 있는 사람이라면 멜라토린이 분비할 수 있는 환경과 시간을 갖는 것이 좋다. 산책하면서 햇볕을 쬐는 것도 멜라토닌을 분비하는데 효과적이다.

한편 시상하부의 자극은 뇌간의 봉선핵이라는 세로토닌 신경세포로 세로토닌을 만들게 한다. 세로토닌은 마음을 안정시키고 기분을 밝게 하는 신경전달 물질이므로 밝은 곳에 나오면 마음이 시원해지는 것이다. 또한 마음을 차분하게 하고 자기 만족을 높일 수 있다.

때문에 밝은 곳에 나와서 운동하고 몸을 움직인다는 것은 우리들의 뇌 건강을 위하여 대단히 의미 있는 일이다.

3. 뇌와 식생활

몸의 모든 활동, 모든 세포, 조직의 구성은 항상 음식물 성분에 의하여 유지되고 있다. 특히 뇌는 에너지의 모든 것을 포도당에 의지하고 있다. 이 포도당은 전분과 설탕 같은 탄수화물에서 만들어진다.

또한 뇌 활동에 필요한 신경 전달 물질의 대부분은 아미노산에서 만들어진다. 특히 감정이라든가 본능활동에 관계하는 전달물질인 도파민, 노르아드레나린, 세로토닌은 필수 아미노산이라고 하는 페닐아라닌, 티로신, 트립토판에서 만들어 진다. 이들 필수 아미노산은 우리들 몸속에서는 만들지 못하고 음식물에 의존하는데 그것도 고기 등에서 섭취할 수밖에 없다.

따라서 음식물로서 포도당이나 아미노산을 섭취할 수 없으면 뇌 기능이 장애를 받기도 하고 이상한 현상을 초래하기도 한다. 즉 우울병이 되기도 하고 치매를 촉진시키는 결과를 발생시키기도 한다.

최근 뇌의 기능에는 비타민이 대단히 중요하다는 것이 발표되었다. 그 중에서도 중요한 것은 비타민 B와 비타민C, E 등이다. 또 하나 이외로 알려지지 않았지만 무기물 이라든가 미량원소라고 말하는 칼슘, 마그네슘, 셀레늄 같은 미네랄도 중요하다.

콩류의 식물성 식품에는 호르몬 같은 작용을 갖는 물질이 존재하는 것이 알려져 있다. 그 중에서도 보리나 당근 등 여성호르몬 같은 작용을 갖는 물질은 치매나 골다공증을 예방하기도 하고 심장혈관 기능을 강화하는 작용을 한다는 것도 조사 발표 되어 주목을 받고 있다.

비만를 측정하는 체질량지수 BMI(body mass index)에서 가장 병에 잘 걸리지 않은 수치는 22 정도이다. 통계적으로 확실한 범위는 25까지로 되어 있다. 26 이상 30 이하는 경도의 비만이며 최근 독일에서는 BMI가 30~34 정도가 나오는 사람은 수명이 짧은 것으로 나타나있다.

연령이 높을수록 감소되어 60세 이상은 이 정도 비만이 도리어 장수한 것으로 나타나 있다. 젊은 사람의 경우는 BMI 20~26의 사람의 사망률을 1이라고 한다면 BMI 26~32의 경우 20대 남성 사망위험도는 2이하, 여성은 1.2정도이다.

어두운 생각과 우울한 기분에 빠지지 않게 하려면 뇌의 세로토닌을 늘리면 된다. 세로토닌은 트립토판에서 만들어지고 트립토판이 속한 아미노산은 고기나 생선, 또는 콩 같은 단백질에 포함되어 있다.

콩은 양질의 단백질이지만 다른 성분도 많이 포함되고 있기 때문에 트립토판을 섭취 하려면 고기가 가장 좋다. 생선이라도 참치나 연어 같은 붉은 생선살에서 트립토판을 포함한 양질의 단백질을 섭취할 수 있다.

트립토판이 포함되지 않은 음식물을 섭취하면 우리 몸은 어떤 상태로 되는지 다음과 같이 알아 보았다.

미국의 엘대학의 되가르드 박사팀은 먼저 임상실험에서 트립토판이 없는 음식을 먹였다. 그랬더니 혈액속의 트립토판 치수가 점점 떨어진 것이다. 트립토판의 혈중 농도가 낮은 사람은 우울상태에 있다는 것이 확인된 것이다.

세로토닌은 우울하지 않게 하고 잠을 편하게 자는 것에도 필요하다. 또 최근에는 침착성이 없고 물건을 파괴하고도 기뻐하는 주의력결핍 과잉행동장애가 있는 아이들도 도파민과 함께 세로토닌 결핍이라고 말한다.

또 도파민이나 노르아드레날린 등 세로토닌 이외의 신경전달 물질도 페닐아라닌이나 티로신 이라는 필수 아미노산에서 만들어진다. 그러나 이들은 트립토판과 달리 많은 단백질에 포함되어 있기 때문에 반드시 고기에서 섭취하지 않아도 되지만 고기가 가장 좋은 공급원인 것은 틀림없다. 도파민은 기쁨을 야기하는 전달물질이지만 노르아드레날린도 역시 정신을 안정시키고 우울에서 우리를 지켜주는 신경전달 물질이다. 이상과 같이 고기 성분에는 뇌를 지켜주는 물질이 들어 있는 것이다.

4. 자신을 스스로 변화시키다.

자신을 어떻게 변화시킬 것인가를 결정하는 것도 실제로 그 방향으로 자신이 변화해 가는 것도 자신뿐이다. 이처럼 방향 결정권을 자신이 갖고 있는 것을 아는 것도 매우 중요하다. 큰일을 마친 뒤 어떤 목표를 달성한 후 지금까지와는 전혀 다른 얼굴이 된 친구나 동료를 본적이 있을 것이다.

그들의 마음속에는 자신감이 싹트고 태도와 음성이 변화되고 대화법도 바뀐다. 때문에 그들은 매력적으로 변화하고 그 결과 평판이 높아진다. 그것이 다시금 자신감이 되어 자신의 회로를 확대한다. 그리고 얼굴도 모습도 전혀 다른 사람처럼 되어 버린다.

　반드시 성공이나 목표달성을 이루지 못하더라도 괜찮다. 자기를 변화시킬 수 있는 좋은 기회를 갖지 못하더라도 뇌의 구조는 모두 같다. 누구나 이와 같은 식으로 회로를 증폭시킬 수 있는 것이다.

　거기에는 작은 일도 기뻐하고, 자신에게 좋은 곳을 보고 나쁜 곳은 신경쓰지 말 것이며, 남이 좋게 말하면 그것을 자기의 변화라고 포착하면 된다. 또 자신이 변화하는 방향으로 오직 한 가지 자기 마음의 본래의 힘, 매력을 나타내는 일이라고 마음먹고 자기의 본래 마음을 믿어버리는 것이 중요하다.

　자신이 갖고 있지 않는 것을 노력으로 획득 하려고 해도 무리이다. 그러나 우리가 본래 갖고 있는 무한의 능력, 그 존재를 몰랐기 때문에 지금까지 사용하지 않았던 그때의 마음을 조금씩 사용하면 되는 것이다. 그러면 그 마음의 힘으로 사물이 잘 되어 갈 것이고, 그것이 자신감이 되고 또 자기 본래의 마음을 더욱 발휘할 수 있게 될 것이다.

　뇌를 건강하고 새롭게 바꾼다는 것은 마음의 힘을 발휘하는 것과 같은 것이다. 뇌가 밝게 변화하면 본래의 마음이 잘 나타나고, 어두운 생각을 바꾸고 희망을 얻는다.

　건강한 마음이나 몸을 유지하기 위하여 그리고 성공한 인생을 걸어가기 위한 열쇠는 모두 뇌에 있는 것이다. 자신을 적극적인 사람으로 변화시키기 위하여 지금까지의 뇌에 대한 기본적인 지식을 토대로 우뇌단련을 열심히 하면 좋을 것이다.

5. 좌뇌와 우뇌의 기능

(1) 좌뇌와 우뇌

좌뇌와 우뇌는 약 2억 개에 정도의 뇌량이라는 흰색 신경섬유로 연결되어 있으며 이를 통하여 뇌가 서로 정보를 교환하며 공유된다. 그러므로 인간의 대뇌는 두 개가 있지만 뇌량에 의하여 하나의 정신을 이루게 되면 그로 인하여 하나의 정신적 구조를 이루고 있다고 할 수 있다.

다시 말하면 두 개의 뇌와 하나의 마음이라고 할 수 있다는 뜻이다. 출생 시에는 좌뇌와 우뇌가 내부의 조직과 구조가 같고 우뇌가 가지고 있는 기능을 좌뇌도 가지고 있어서 한 개의 머리 속에 중복된 기능을 가지고 태어난다.

그러나 인간이 점차적으로 성장함에 따라 어떤 특수한 자극에 대하여 두뇌가 똑 같았던 반응력이 한편으로 치우치게 된다. 이와 같은 현상을 대뇌의 기능분화라고 한다. 대뇌의 기능분화에 관한 연구는 특정 뇌 부위의 손상으로 인하여 발병하는 실어증 환우를 통하여 밝힐 수 있다.

이를 테면 어떤 환우가 우뇌에 손상을 입었을 경우에는 언어능력은 남아 있으나 비언어적인 사건에 대한 기억이 희미해지면서 길을 잘못 찾아가게 되고 착각하는 현상이 일어난다. 그러나 감정적인 큰 변화는 나타나지 않는 반면에 좌뇌에 손상이 오면 말하는 능력이 상실되어 실어증이 되는 경우가 있다.

대뇌의 좌·우뇌를 연결하는 뇌향을 절제하여 분할된 뇌를 가지고 있는 환우는 두 개의 다른 의식을 가지고 있는 현상을 볼 수 있다.

이러한 연구결과에 따르면 인간만이 특별하게 발달한 언어중추가 있는 좌뇌는 언어적, 계열적, 시간적, 논리적, 분석적, 이성적이어서 소위 디지털적 기능을 가지고 있다고 할 수 있고, 우뇌는 비언어적, 시·공간적, 동시적, 형태적, 종합적 직관적이어서 아날로그적 기능을 가지고 있다고 할 수 있다.

(2) 좌뇌와 우뇌의 구체적 기능

〈표1〉에서 보는 바와 같이 위로 올라갈수록 실험적 증거가 많이 있고 아래로 갈수록 직관에 의존하고 있으며 '손잡이' 형태에 따라 좌뇌와 우뇌의 기능이 바뀔 수 있다.

〈표1〉〈위: 좌뇌, 아래: 우뇌〉

언어적	좌〉 이름을 부르고 기술하고 정의하기 위하여 적절한 단어를 사용한다. 우〉 비언어적 – 언어의 최소한 연결을 통해 사물을 인식, 음악과 주변 음을 인식
계열적	좌〉 하나의 사물을 다른 것에 이어 계열화 하기 우〉 시공간적 – 형, 디자인, 그림, 패턴,을 인식
시간적	좌〉 간의 항로를 따라 가기 우〉 공간적 – 사물들을 다른 것과 관계지어보고 부분들이 어떻게 전체를 이루게 되는가를 봄
논리적	좌〉 논리에 기초하여 결론을 도출하고 사물을 논리적인 순서에 따라 배열한다. 우〉 형태적 – 전체적인 형태와 구조를 넣어 가끔 확산적 결론을 유도

분석적	좌) 사물을 단계적, 부분적으로 분리 해서 그리기 우) 종합적 – 전체를 형성하기 위해 사물을 합치기
이성적	좌) 이성과 사실에 기초하여 결론 도출 우) 직관적 – 가끔 불안전한 형태 예감, 느낌 및 심상에 기초하여 통찰력을 끌어올리기

(3) 좌뇌와 우뇌의 기억력

　대뇌 심리학과 정보과학 면에서 분석해 보면 기억력에 관계된 뇌의 기능을 대별하면 입력에서 파지로 파지에서 출력하는 과정이라 할 수 있다.

　머리에 많은 정보를 받아들이는 소위 입력능력과 다수의 입력된 정보를 머리에 오래 저장하는 파지능력, 그리고 입력된 정보를 필요한 때에 끄집어내는 것이 출력 능력이다.

　이와 같이 종합적인 작용에 의하여 기억이 이루어지는데 이것을 기억증대라는 관점에서 본다면 특히 파지능력이 가장 중요한 요소가 된다는 것은 틀림없을 것이다.

　기억을 증대시키려고 하면 정보를 저장하는 소위 기억용량을 크게 해야 하다는 것이 필수조건이 되기 때문이다. 사용하지 않은 뇌세포를 개발해서 그 용량을 증대시킨다면 두뇌 개발에 좋은 결과를 낳을 수 있다. 앞서 말한 바와 같이 좌뇌는 논리적인 정보를 기억하는 곳이다. 수학이나 물리문제를 풀 때 이미 알고 있는 기존의 공식을 활용하는 것 등은 모두 좌뇌의 작용에 의한 것이다.

　반면에 우뇌는 영상적, 심상적으로 기억을 한다. 예를 들면 이전에 본 풍경이나 사람의 얼굴이 머리 속에 떠오른 것이다. 또는 자기 집과 타인의 집을 식별하는 일이나 이정표나 지도책을 보고 행선지를 찾아 가는 것, 그리고 사람의 음성이나 멜로디와 특정한 분위기를 생각해내는 것 등은 우뇌의 작용에 의한 것이다.

뇌의 기억 숲에는 한 쪽 뇌만의 활동에 의존하는 것이 아니라 반드시 양쪽 뇌와 연계에 의하여 이루어진다.

일반적으로 사람이 무엇인가에 의식을 집중하면 관찰력은 좁은 범위에 한정되고 반면에 광범위한 관찰을 하게 되면 주의력이 산만해져서 어떤 사물이나 사건이 시야에 들어왔는데도 기억할 수 없게 되는 이율배반을 경험할 수 있게 된다.

심상이나 상상 등 감각적인 분야를 담당하고 있는 우뇌는 좌뇌에 비하여 받아들일 수 있는 기억용량이 무한대에 가깝다고 할 수 있기 때문에 우뇌를 충분히 사용하도록 개발하면 기억력을 증대시킬 수 있다.

비교적 기억용량이 좁은 좌뇌에 여러 가지를 기억하게 한다는 것은 마치 조그마한 컵에 물을 많이 넣는 것과 같다고 할 수 있다. 그러나 이 사실을 알더라도 좀처럼 우뇌를 능숙하게 사용하는 사람은 적을 것이다.

그 이유는 생활습관으로 인하여 방해를 받기 때문이다. 주로 좌뇌만을 사용해 온 사람은 이미 언어로 사물을 판단하고 언어로 기억하는 습관이 몸에 배어 있다고 보아야 할 것이다.

⑷ 우뇌의 정보처리 방식

우뇌는 정보를 영상적으로 처리한다. 이것을 병렬처리 방식이라고 한다. 영상이나 심상은 논리와 달리 2차원이나 3차원의 넓은 범위를 가지고 있다. 일상생활 속에서 사람들이 경험하는 가장 일반적인 병렬처리방식은 경치를 바라볼 때라 할 수 있다.

전체의 경치를 순간적으로 바라볼 때는 세심한 신경을 쓰지 않기 때문에 거의 무의식적이라고 말할 수가 있다. 그러나 논리적인 일에 몰두하면 직렬 처리를 피할 수 없게 되는데 직렬처리만 하게 되면 많은 시간을 낭비하게 되고 그것이 습관화 되어 눈앞의 부분만 보고 전체를 볼 수 없게 된다.

그렇게 되면 전체를 본다든가 전체에 있어서 부분의 역할을 정확히 파악하고자 할 때 자신의 생각처럼 되지 않아서 실패하는 결과를 초래할 우려가 있다. 병렬처리가 가능한 사람은 직렬처리에도 능숙하게 집중하여 시간을 절약할 수 있을 뿐아니라 두뇌의 순발력도 강화될 수 있다.

뇌는 광범위하게 사용하면 피로하지 않지만 한 부분에 한정해서 사용하면 급격하게 피로해 진다.

흔히 필요 이상으로 생각하다 보면 머리가 피로해지기 때문에 오히려 손해라고 말하는 사람이 있는데 그것은 머리를 사용하는 방식이 다르기 때문이다.

제 2 절

우뇌(右腦)가 잠자는 사람, 기회를 놓치기 쉬운사람

– '직관력'을 훈련하면 보이지 않는 것이 보인다.

1. 천천히 움직이면 좌뇌가 활동한다.

우뇌를 활용하려면 행동을 빨리하는 것이다. 천천히 움직이면 움직일수록 이치만 따지게 되는 좌뇌가 활동하기 시작한다. 때문에 좌뇌가 따라오지 못할 정도로 빨리 움직여야 한다. 결론적으로 직관으로 행동해야 하는 것이다.

직관을 활용하기 위해서 중요한 것은 자신이 좋고 싫은 것을 즉시 판단하는 것이다. 쇼핑을 하면서 구매하는 상품 외에 매력적인 상품을 만나 충동구매 경험은 누구에게나 있을 것이다. 구매하기 전에 집에 가서 생각해 보자고 한다면 좌뇌가 활발히 작용한다. 좌뇌의 의견이 들어오면 구매하는 행위가 멈춰 버리는 것이다. 결단을 할 때는 최초에 우뇌가 움직이고 시간이 조금 흐른 뒤에 좌뇌가 서서히 따라 간다. 좌뇌가 따라 붙으면 그 일은 멈추게 되는 것이다. 그렇기 때문에 그 자리에서 결정하지 않으면 안 된다. 좀 더 생각해 보자고 하는 것은 좌뇌가 따라오는 것을 기다리는 것과 같다. 시험 답안도 최초에 쓴 답이 정답 확률이 높다. 고쳐 쓴 답이 틀리는 수가 많은 것이다.

일상생활 속에서 좌뇌가 따라오지 못하도록 의식하고 빨리 행동하면 결단력이 생긴다. 정보를 습득하고 처리하는 과정에서도 좌뇌와 우뇌는 서로 다르다. 좌뇌는 결단 능력이 없고 우뇌가 결단 능력이 있다. 우뇌는 상황 그대로 받아들이기 때문에 결단이 빠르지만 좌뇌는 왜 그런지 이유를 묻기 때문이다. 결단을 천천히 하라고 하는 것은 있을 수 없고 결단을 빨리하는 수밖에 없다. 천천히 하라고 하는 것은 영원히 보류하고 있는 것과 같은 것이다. 좌뇌는 그만두자고 말하지 않는다. 그만두는 것도 하나의 결단이기 때문이다. 좌뇌는 결단하지 않고 상황을 좀 더 지켜보고 검토하자고 말한다.

– 우뇌를 각성케 하기 위하여 – 빨리 움직이자

제2절 우뇌(右腦)가 잠자는 사람, 기회를 놓치기 쉬운사람

2. 줄서기를 할 때 우뇌가 활성화 한다.

우뇌는 직관력으로 움직이는 부분이다. 경우에 따라서 논리적인 분석으로는 전혀 답이 나오지 않던 문제도 어느 순간 직관력에 의해 풀릴 수 있다. 우리 주위에는 이런 직관력을 경험한 분이 의외로 많다. 하지만 성과를 가져다주는 직관은 그냥 얻어지는 것이 아니라 평소에 훈련을 하고 있어야 한다.

일상생활 속에서도 우뇌를 꽤 쓰는 편이다. 예를 들어 할인마트 계산대 두 곳에서 물건을 계산하려고 줄을 서 있는 사람들을 발견하고 빠른 곳을 판단하는 것은 우뇌의 작용이다. 우뇌적인 발상을 하는 사람은 인원수에 망설이지 않기 때문에 빈틈없이 빠른 쪽으로 붙을 수 있다. 이것은 단순히 직관을 움직이고 있는 것만이 아니다. 그 자리 상황을 순간적으로 파악해서 예측을 세우고 있는 것이다. 먼저 계산대에 있는 담당자의 손놀림이 어느 정도 숙련되었는지를 본다. 그리고 줄 서 있는 사람들이 구매한 물건의 양이 많고 적은 것도 함께 본다. 계산대에 있는 담당자의 손놀림과 줄을 서 있는 구매자를 물건을 보는 것은 쉽지 않다. 익숙하지 않은 사람은 자신이 예측한 것을 벗어나서 실패한 경험이 있을 것이다. 조금 익숙한 사람은 늦게 줄을 서더라도 어느 쪽이 빠른 것으로 판단되면 줄을 바꾸는 과감한 행동으로 이어진다.

우뇌를 움직이지 않으면 행동이 늦어버린다. 가장 멍청한 행동은 아무

것도 생각지 않고 막연히 줄 서는 것이다.

좌뇌를 쓰는 사람은 줄 서 있는 인원으로 판단한다. 또는 앞에 줄서 있는 사람이 들고 있는 물건의 양의 많은 것만으로 판단한다. 하지만 계산대의 흐름이 빠른 판단의 포인트는 계산대 담당자의 손놀림 속도다. 이것은 단위를 벗어나 차이가 생긴다. 또 하나의 포인트는 앞에 줄 서 있는 사람의 담아 있는 바구니의 내용이다. 얼핏 보면 양이 많아 보여도 같은 것이 많다든가, 계산대에서 봉지에 담을 필요 없는 물건들이 있으면 계산대의 흐름은 당연 빨라진다.

이것들을 확인하는 것은 집중하는 관찰력에 있다. 또한 지금까지 잠겨 있었던 계산대가 열리는 수도 있다. 자신이 직관력을 통하여 그 계산대에 이동할 수 있는 판단에 따라 상황이 달라진다. 즉 줄서기 전에 또 하나의 계산대가 열릴 가능성이 있다는 것도 알아야 하는 것이다.

이렇게 되면 우뇌의 단련법은 축구와 같은 스포츠하고 비슷하게 된다. 하지만 우뇌를 단련하기 위하여 일부러 자기 뇌에서 나오는 α파를 측정한다거나 우뇌를 훈련할 특별한 프로그램을 만들지 않아도 된다.

일상생활 속에서 우뇌를 훈련 할 기회는 얼마든지 있다. 예를 들면 할인마트의 계산대, 역 대합실에 있는 승차권 발매기 행렬이나 해외여행의 출국 수속 시, 세관을 통관할 때 등에도 이런 훈련은 할 수 있다.

세관에서는 사람마다 세밀하게 체크하고 있는 곳의 줄은 당연히 시간이 걸린다. 앞에 줄 서 있는 것이 한국인 인줄 생각했는데 외국인 경우에도 시간이 더 걸릴 수 있다. 또한 처음 해외여행을 하는 사람의 서류는 정돈이 잘 안되기 때문에 고쳐 쓰느라고 시간이 걸린다.

이들을 확인하는 것도 모두 관찰력에 좌우된다. 친구끼리 다른 열에 줄 서면 늦는 사람은 항상 늦다. 그것은 운이 나쁜 것이 아니라 판단력 부족이다. 어느 쪽이 빠른가를 확인하는 직관력이 평소에 없기 때문이다. 평소에 직관력을 키우고 그 직관이 실천할 수 있도록 주위 환경을 주기적으로 만들어 주는 것이 중요하다.

~우뇌를 각성케 하기 위하여 – 어느 쪽으로 줄을 서면 빠른지 예측하자.

3. 우뇌를 회전시키면 귀찮은 일에 말려들지 않는다.

줄서 있는 줄을 과감하게 바꾸는 판단은 자기 자신이 하는 것이다. 이 판단은 평소에 우뇌를 쓰도록 훈련이 되어 있어야 한다. 어떤 일에도 이유가 있는데 그것을 깨닫는 것이다. 조건은 모두에게 같고, 또한 모두가 어느 열이 빨리 나가느냐 하는 것을 보고 있다.

인원수만 보는 것인가 혹은 귀찮은 손님이 줄 서 있는 것까지 보고 있는 것을 깨닫는다면 결과는 달라진다. 할인마트 계산대에 줄 서 있는 인원수는 같더라도 불안한 손님이 있을 때는 주의를 요한다. 그 같은 사람은 사야 할 것을 잃어버리고 계산대에 자기차례가 되어 물건을 찾으려 되돌아간다. 그렇게 되면 그 줄은 멈춰 버린다. 그런 사람의 뒤에 줄서면 당연히 시간이

지체될 수밖에 없다.

집단생활이나 조직은 귀찮은 것이다. 하지만 우뇌를 쓰게 되면 그 같은 귀찮은 것에 휘말리지 않게 될 수 있다. 자동차 운전도 우뇌를 많이 쓰고 있다. 차 사고는 자기 책임으로 일으키는 것보다도 누군가의 부주의에 휘말리거나 그것을 피하려고 한다거나 해서 일으키는 일이 많이 있다. 차를 운전하면서도 사고를 당한 적이 없는 사람은 안전운전을 하고 있기 때문만이 아니다. 그 같은 사람은 위험한 차에는 접근하지 않는 것이다.

운전이 서툰 사람, 성격적으로 적합하지 않은 사람, 성급한 사람이 운전하고 있다고 생각되는 차에는 절대로 접근하지 않는다. 그것이 교통사고를 당하지 않으며 또한 교통사고를 일으키지 않는 비결이다.

자신이 자주 다니는 도로에 오늘은 차를 가지고 나가지 않았으면 하는 날이 있다. 지방에서 관광 오는 차가 많이 지나다니는 날처럼 말이다. 관광 오는 차는 운전 하면서 구경하기 쉽다. 또한 차가 주차할 수 있는 공간을 열심히 찾으면서 달린다. 그러니 움직임을 예측할 수 없다. 익숙하지 않은 길을 달리고 있고 두리번거리기 때문에 접촉사고를 일으키는 원인이 된다. 낯선 길을 가는 운전자는 순간적으로 정보를 모아서 판단해야 한다. 갖고 있는 정보를 서로 연관시켜 그날은 차를 타지 않는 편이 좋다고 하는 직관이 있어야 하는 것이다. 면허를 발급 받은 것이 얼마 되지 않은 초보 운전자는 좌뇌만으로 운전하기 쉽다. 사고에 휩쓸리지 않으려면 직관력이 필요하다.

뒤에 가서 그런 것이었다고 깨닫는 것은 늦은 것이다. 길을 달리고 있을 때는 주위 차번호도 체크한다. 어느 지역 차가 있고 렌트한 차도 구별해야 한다. 물론 초보 운전자나 가족 동반 같은 것도 보는 것이다.

이것들을 보는 것은 우뇌다. 어디에 차가 있는가는 좌뇌로 보는 것이다. 좌뇌와 우뇌는 같은 상황이라도 보고 있는 곳은 다르다.

~ 우뇌를 각성케 하기 위하여 – 위험을 헤아려서 알게 됨.

4. 좌뇌인은 순서에 구속 받는다.

우뇌형 사람은 순서에 구속 받지 않지만 좌뇌형 사람은 구속 받는다. 그림을 그릴 때 윤곽부터 그리는 것이라고 머릿속에서 작용을 한다. 물고기를 그릴 때는 입부터 그려도 좋고 꼬리부터 그려도 된다. 어디서부터 그려도 상관이 없다. 자신이 가장 관심 있는 곳부터 그려 가면 되는 것이다. 금붕어의 꼬리지느러미가 재미있다고 생각되면 그것으로 된 것이다. 그림은 윤곽부터 그리는 편이 간단하다. 하지만 어려운 곳부터 그려도 되는 것이다. 가장 어렵다는 곳이 눈이라면 눈부터 그려보는 것이다.

초등학교에서는 3학년 때 배우는 한자와 6학년 때 배우는 한자가 정해져 있다. 초등학교 3학년생 아이가 테스트 문제에 대하여 6학년생이 배우는 한자가 나왔을 때 불평을 하는 것은 순서에 구속 받고 있기 때문이다. 몇 학년에서 배우는 단어라고 순서를 붙이는 발상은 이상한 것이다.

영어 테스트에서 어려운 단어가 나오더라도 그냥 외어버리면 된다. 단계적인 것도 있지만 교과서에는 편의상 순서를 부친 것에 지나지 않는다. 흐름으로 나온 것을 그때마다 외우면 되는 것이다.

테스트에서 6학년에서 외어야 할 한자가 3학년 테스트 문제에 나오면 불평을 하는 부모가 있다. 그 부모는 점수가 떨어지는 것에 대한 불만이 있는 것이다. 하지만 이 기회에 학습하면 된다.

배우는 것도 간단히 생각하면 될 것을 어렵게 생각할 필요가 없다. 공부하려고 하는 사람에게 있어서 배우는 순서는 관계없다. 공부하는 것을 좋아하면 이것을 몇 학년의 단계에서 배우는 것과 관계없이 단순하게 배우면 된다. 도전하는 정신만 있으면 되는 것이다.

요리를 할 때와 음식을 먹을 때도 비슷하다. 음식을 어떤 순서로 먹어야 한다는 규칙은 없다. 요리는 순서에 관계없이 먹으면 그만이다. 주위에 불쾌감만 주지 않는다면 자기가 좋아하는 식으로 먹으면 되는 것이다. 그때의 기분으로 먼저 밥을 먹어도 되고 국을 먼저 먹어도 된다. 이 순서가 바르지 않다고 생각하는 것은 좌뇌가 하는 것이고 우뇌형 사람은 늘 순서에 상관없이 음식을 먹는다.

~ 우뇌를 각성시키기 위해서는 순서에 구애받지 않도록 하자

5. 우뇌인은 하고 싶은 것에 2등은 없다

친구가 사귀고 있는 남자 때문에 고민을 하고 있는데 의논을 하려고 한

다. 남자가 바람을 피우고 있기 때문에 헤어지는 것이 좋은 것인지, 아니면 계속 만나야 하는지 하는 상담이었다. 갈등하는 친구에게 어떻게 하고 싶으냐고 물으니 첫 번째는 어떻고 두 번째는 저렇고 순위를 내세우며 말을 하는 것이었다. 순위를 말하는 것은 좌뇌인이 하는 행동이다. 좌뇌형의 사람은 순위에 대하여 민감하게 반응을 한다. 헤어지고 싶다거나 그렇지 않다는 것에 대한 순위는 말할 수 없다.

하고 싶은 것에 대한 순위, 먹고 싶은 것에 대한 순위 등을 말하는 사람도 같다. 그것은 가장 하고 싶은 것이 아니기 때문이다. 그렇게 말하는 사람은 우선 하고 싶은 것을 하면서도 두 번째 것을 버리기 어려운 사람이다. 자신이 하고 싶은 것을 하는 사람은 순번을 말하지 않는다. 남자친구 때문에 고민을 상담하러 온 여성이 헤어지고 싶지만 사실은 헤어지기 싫다고 하면 충고할 수가 없다.

헤어지고 싶은지, 아니면 계속 만나고 싶은지를 우뇌형의 사람에게 물으면 정확히 선택을 한다. 헤어지거나 계속 만나는 것 즉, 둘 중 하나를 선택하게 된다. 그러나 좌뇌로 생각하는 사람은 헤어지는 마음도 있고 계속 만나는 마음도 있는 우왕좌왕하는 스타일이다. 자세히 물어보면 헤어지기 싫은 것이 우선일 수도 있고 계속 만나는 것이 우선일 수도 있다. 본인에게 헤어지거나 계속만나거나 선택하라고 하면 좌뇌형은 고개만 끄덕인다. 고민하고 있는 사람은 여기에서 고통 받고 있는 것이다. 순위를 못 붙이지 못해 고민하는 것이다. 좌뇌 속에는 1번과 2번의 순위는 사소한 차이다. 1번과 10번의 순위에서는 근소한 차이가 있다가 1번과 100번에서 비로소 차이가 있을 따름이다. 우뇌 속에는 좋고 싫음이 명확하기 때문에 2번은 100번과 같다.

~ 우뇌를 각성케 하기 위해서는 - 가장 하고 싶은 것만 생각하자.

6. 어림셈할 때 우뇌가 잠을 깬다.

슈퍼에서 물건을 살 때 바구니 물건들의 값이 얼마인지 맞추는 사람은 별로 없다. 나이가 어릴수록 바구니에 있는 물건의 가격을 잘 알지 못한다. 슈퍼에 자주 가는 어른이라면 물건을 고르면서 어느 정도 가격을 알 수가 있다. 상세한 금액이 아니라도 관계없다. 특히 슈퍼 주인은 슬쩍 보고 얼마인지 판단한다.

서비스 맨 같으면 음식점에 들어가서 좌석이 몇 개 되는지, 손님이 몇 명 있는지, 혹은 종업원이 몇 명인지를 순간적으로 파악한다. 군인도 훈련을 하면서 같은 식으로 하면 우뇌가 발달한다. 좌뇌의 힘은 계산력에 있다. 우뇌는 계산이 아니고 얼마나 어림셈을 할 수 있는 능력에 있다. 일상생활에서 필요한 것은 이러한 능력이다.

가게에서 옷 가격표를 곧바로 보는 사람은 단련이 되어 있지 않는 사람이다.

남성이 여성에게 옷을 선물할 때 가격표를 보는 것은 하기 싫은 행동이라 느끼고 자존심도 상한다. 그 대신 얼마인지 상상한다. 때로는 맞고, 때로는 빗나갈 수 있다. 빗나가면서 자신의 감식능력을 키울 수 있다. 감식능력이 길러지면 값에 대한 판단을 잘 할 수 있다. 하지만 시계 같은 상품은 판단하기가 쉽지 않다. 브랜드 값어치를 하기 때문에 비싼 것이 당연하다고 생각하지만 생각보다 싸다고 느낄 때도 있다. 값을 평가하는 것은 그 자체의 값어치를 이해한다는 것이다. 어느 것이 좋고 나쁨을 판단하는 능력을 키우는 것은 가격표에 의지하지 않는 힘을 길러 두는 일이다.

이것은 골동품을 살 때 가장 현저하게 볼 수 있다. 골동품 값은 있으면서 없는 것 같은 것이기 때문이다. 갖고 싶은 사람이 있으면 비싸지고 없으면 싸진다. 어느 것이 좋은 것인지 간파하는 힘이 없으면 안 된다. 비싸기 때문에 좋은 것은 결코 아니다.

~ 우뇌를 각성시키기 위하여 – 슈퍼에서 얼마의 물건을 구매했는지 예측해 보자

7. 계단을 2계단씩 뛰어올라 끝에 가서는 꼭 맞게 한다.

사람은 여러 가지 여가 활동을 한다. 주말에 등산과 낚시를 하는 사람도 있고 자전거나 달리기를 즐기는 사람도 있다. 집에서 TV나 독서를 즐기기도 한다.

여가 활동에서 볼링은 손가락과 몸 감각을 길러야 한다. 공을 던지는 순

간 손가락과 몸을 베스트 상태로 움직이기 위해서는 순간의 판단이 필요하게 된다.

　세계 프로 볼링으로 우승한자가 기차역 대합실 계단을 두 계단씩 뛰어오르면서 끝에 가서 꼭 맞게 올랐던 적이 있었다. 이는 계단을 뛰어 오르면서 한 계단 남는 것을 어느 지점에서 판단해서 미리 조정하는 것이다. 이 감각적인 훈련을 하면 어느 정도 오르다가 바로 앞에서 어떻게 조정할 것인가를 알게 된다. 평소 사용하는 계단 같으면 더욱 간단히 할 수 있다. 훈련에 익숙하면 처음 오르는 계단이라도 감각적으로 오르게 된다.

　손안에 동전을 쥐고 손 감촉만으로 합계금액을 맞히는 훈련도 있다. 각종 지폐를 손가락 끝 감촉만으로 구별할 수 있고 동전도 크기나 감촉이 조금씩 다르기 때문에 구별할 수 있다.

　그 같은 손가락 감각이 막상 시합이 되면 중요한 기능을 발휘한다. 계단을 2계단씩 뛰어오르는 훈련은 어느 지점에서 일부 조정해야 짝수 계단으로 끝내게 할 수 있는가를 직관적으로 조정하는 능력을 갖게 하기 위한 것이다. 이 같은 직관력은 어떤 일을 하는 사람이든 중요한 것이다.

　음식점에 들어온 손님이 네 명이 있다. 들어온 손님이 단 한 그룹인지, 두 사람씩인지 혹은 세 사람 그룹과 한사람인지 즉석에서 판단해야한다. 언제나 몇 분이냐고 묻기만 해서는 안 된다. 어떤 손님은 만나기로 약속하고 오신분인지, 음식점 안에 어떤 사람을 찾고 있는지 곧 감지해야한다. 이 같은 것을 알게 되면 화장실을 찾는 사람의 움직임도 곧 알게 된다.

　　　～우뇌를 각성케 하기 위하여 ～ 계단을 2계단씩 뛰어 올라가 보자.

8. 좌뇌인은 웃음을 강요 하고 우뇌인은 즐거운 공기를 만든다.

어느 개그맨이 하는 개그가 시시하게 느끼는 것은 상대방에게 웃으라고 강요하기 때문이다. 상대방이 웃지 않으면 그 개그를 되풀이 한다. 상대방에게 강요하는 것은 좌뇌인의 발상이다. 좌뇌형을 쓰는 개그맨은 관객에게 자신의 개그가 재미없다면 관객에게 유머 감각이 둔하다고 한다. 억지로 웃음을 강요하기 위해서 반복을 하는 것이다. 우뇌형의 사람은 주위사람들이 재미있다고 느끼는지 어떤지를 직감하고 복습할 능력을 갖고 있다.

하지만 좌뇌는 그런 장치가 없다. 우뇌는 주위사람들이 재미있다는 느낌을 인식하면 재미있는 기분을 더욱 돋우려고 한다. 주위사람이 재미없다고 인식하면 그것을 버리는 힘을 갖고 있기 때문에 강요는 하지 않는다.

즉, 환경을 주시하면서 자리를 더욱 재미있는 환경으로 만들려고 하는 것이다. 강요하는 사람은 자신이 그 자리의 중심이 되려고 하기 때문에 강제로 웃으라고 하는 것이다.

웃음을 강요하는 사람을 공기를 딱딱하게 한다. 마치 왕과 노예의 관계로 하려는 경향이 있다. 개그는 본질적으로는 주위 사람과 동화되어야 한다. 즉 자신이 웃음 대상이 되어야 한다.

유머의 센스가 있는 사람은 상대방이 재미가 있고 없고를 즉석에서 판단하는 능력을 갖고 있다. 예리한 유머와 센스를 갖고 있는 사람은 두뇌 회전이 빠르기 때문에 환경에 잘 적응하고 순간적인 감각을 사용할 줄 안다. 유머의 센스는 자신이 말하는 능력보다는 받는 사람의 능력이 얼마나 있는가에 있다. 즉, 상대에게서 보이지 않는 것이 보이는 힘이 있는 것이다.

우뇌는 보이지 않는 것을 보는 힘이 있지만 좌뇌는 보이는 것만 본다. 그 자리에서 환경을 읽는 것은 우뇌다. 근거가 없어도 믿는 힘은 우뇌가 갖고 있는 것이다.

~우뇌를 눈 띄게 하기 위해서는 ~ 웃음을 강요하지 않는다.

9. 우뇌인은 그림 배경을 즐긴다.

좌뇌는 그림의 중심을 보고 우뇌는 그림의 주변이나 배경을 본다. 모나리자 그림의 경우 좌뇌는 모나리자를 보는데 반하여 우뇌는 배경을 본다.

배경을 받아 드리는 이미지는 의외로 크다. 특히 여성은 우뇌형이 많기 때문에 그 배경에 무엇이 있는가를 본다. 좌뇌형이 많은 남성은 주로 중심만을 본다. 사진을 볼 때나 전시회 그림을 볼 때 배경을 감상하는 것이 중요하다. 인물이 그려져 있으면 인물 뒤쪽에 무엇이 그려져 있는가를 보는 것이 우뇌형이다.

또한 그림 액자가 어떻게 된 것인가도 본다. 그림을 볼 때도 액자를 보는 사람은 적다. 하지만 액자의 밖의 벽은 어떠했는지, 도배를 어떻게 했고 창문에는 무엇이 비치고 있었는지를 우뇌는 모두 느낀다.

좌뇌로 사물을 보는 사람은 과거의 기억이나 자기 머릿속에 있는 패턴을 보는 것으로 만족해 버린다. 모나리자를 보면 주위를 보기 보다는 모나리자만 본다.

해외여행을 가면 어디선가 본적이 있다고 말하며 사진을 찍는 사람이 있다. 그 사람이 찍는 사진은 그림엽서 같은 것으로 되어버린다. TV와 같은 곳을 확인하는 여행을 자신이 하고 있는 것이다. 여행 대리점은 시내관광코스로 TV에서 취급되는 명소유적을 남김없이 참고한다.

그런 명소를 생략하면 손해배상 청구가 있을 것 같아 곤란하기 때문이다. 하지만 거기에는 카메라를 가진 관광객만 있다. 생생하게 생활하고 있는 그 지방 사람은 없고, 관광코스로 들어있는 음식점은 관광객뿐이다. 모두 좌뇌로 사물을 보고 있는 결과물이다.

사물은 그림 뒤에 숨어 있는 부분까지 보면 정확히 이어진다. 배경 없는 풍경은 존재하지 않는다. 남의 말을 들을 때도 기획을 생각할 때도 배경을 정확히 알 수 있게 한다. 영상이라는 이미지가 얼마만치 떠오르는 가다. 배경이 있는 영상은 입체로 되어 있다. 우뇌는 입체로 포착하고 좌뇌는 평면으로 포착 한다.

~우뇌를 각성케 하기 위하여 ~ 그림의 중심보다 배경을 즐기자.

말을 바꾸면 우뇌가 활발하게 작용한다

1. 우뇌인은 기획서를 한 줄로 쓸 수 있다.

　회사에서 어떤 기획서를 쓰라고 하면 여러 장 쓰는 사람이 있다. 기획서를 여러 장 쓰려면 시간이 꽤 걸린다. 더구나 흔히 있는 시시한 것이 되어 버리기 쉽다. 기획서는 많다고 해서 결코 좋은 것은 아니다. 일반적으로 기획서는 A4용지 1매정도 라고 한다. 하지만 우뇌인에게는 A4 1매도 많은 편이다. 참된 기획서는 한 줄로 쓸 수 있어야 한다.

　예를 들어 책은 '이런 책'이라 쓰면 충분하고 뒤에 재미가 있고, 없고 하고 싶은가, 아닌가로 결정하면 된다. A4용지 1매를 다 채워야 할 기획은 좋은 것이 아니다. 기획서는 완성시켜서는 안 되고, 기획서는 어디까지나 스타트라인이다. 이미지가 떠오르면 그것으로 끝인 것이다. 여러 장 써서 아무리 설명을 자세히 하더라도 이미지가 떠오르지 않으면 그 기획서는 쓸모 없는 것이 되어 버린다.

　기획서가 A4 용지를 여러 장 써야 한다는 것 자체가 선입관에 빠져 있는 것이다. 좋은 기획서는 1줄이다. 이미지를 정확히 나타낼 수 있는 한 부분만 있으면 이해 할 수 있다. 예를 들어 눈을 그린 것만으로 이 물고기는 '붕어'라고 이해하면 되는 것이다. 윤곽만 그린 물고기 형태에서는 어떤 물고기인지 모른다.

　작가인 경우 원고지 양을 많이 쓴 기획서를 가지고 와서 책을 만들어 달라고 하더라도 편집자가 무엇을 쓰고 싶은지 알 수가 없다면 책을 낼 수 없게 된다.

　자신이 하고 싶은 것과 편집인이 하고 싶은 것이 공감을 이룰 때 기획이 맞는 것이다. 우뇌를 단련시켜 눈 뜨게 할 방법을 쓰기 위하여 총괄로서 우뇌론, 좌뇌론을 해도 소용없다. 전체의 요약을 만들 필요가 없는 것이다.

　어떤 그림도 액자부터 그려가며 지금까지 자신은 어째서 윤곽부터 그리고 있었는지, 형태에 사로잡혀 있었는지를 알게 된다. 물고기를 눈알부터 그리거나 꽃을 꽃술부터 그려보는 것이다. 누구나 생략할 곳부터 그려보는 것으로 우뇌를 단련한다는 것은 것을 알게 된다.

~우뇌를 각성시키기 위하여 ~ 기획서는 한 줄로 쓰자.

2. 우뇌인은 말이 짧고, 좌뇌인은 말이 길다.

　어떤 일에 대하여 상담을 하고 있을 때 상담으로 말이 길어지는 사람은 좋지 않은 상태에 빠져 있는 사람이다. 고민 상담에 있어서는 특히 그렇다. 고민에 대한 의논을 하고 싶다면 한 마디로 끝낼 수 있을 것이다. 그러나 자기 자신이 고민을 해결할 의지가 없기 때문에 일부러 여러 가지 말을 뒤섞어서 길게 말을 한다.

　고민하는 사람의 두 종류는 고민을 해결하고 싶은 사람과 고민을 해결하고 싶지 않은 사람으로 나눈다. 고민을 해결하고 싶지 않은 사람은 현 상황에 저항하고 있는 것이다. 좌뇌형의 사람은 해결하고 싶지 않은 사람의 형태로 보수적이다. 현황이 아무리 고통스러워도 그 상태가 변화되는 것을 거부한다. 그렇기 때문에 스스로 말을 가급적 여러 가지 뒤섞으려고 한다. 얼마나 자신이 힘 드는 상황에 있는가를 설명하려고 하기 때문에 말은 길어진다. 하지만 고민의 본질은 한 줄로 말 할 수 있다.

　예를 들어, 어떤 사람이 좋아 하는 사람과 사이가 좋지 않은 것에 대하여 상담하려고 한다면 그 사람과 계속 만나고 싶은지 아니면 헤어지고 싶은지를 묻는다. 이와 같은 질문은 우뇌형이다. 만남을 계속할 것인지, 헤어질 것인지 둘 중 하나를 선택해야 한다. 하지만 답이 돌아오지 않는다면 충고를 할 수가 없다. 만남을 계속하고 싶으면 그 나름의 방법이 있고 헤어지고 싶으면 헤어지기 위한 방법이 있다. 좌뇌형의 사람은 자신이 어떻게 할 것인가를 생각지 않는다. 반면에 우뇌형의 사람은 먼저 자신이 어떻게 하고 싶은가를 생각한다.

　좌뇌형의 사람들끼리 대화를 하면 말이 돌고 돈다. 우뇌형의 사람들끼리는 직관적으로 알기 때문에 대화도 빠르다. 때문에 우뇌형의 사람들끼리의 대화를 좌뇌형의 사람은 잘 모른다.

　반대로 우뇌형의 사람이 좌뇌형 사람의 말을 들으면 짜증이 난다. 우뇌형의 사람을 짧게 상담하면 반응이 빠른 것은 충고를 들을 자세가 되어 있기 때문이다. 좌뇌형 사람은 짧게 상담을 하는 동안에 충고를 들을 여유도 없다. 바르게 충고를 해도 말을 지연시키며 반론만 할뿐 결론을 내려고 하지 않는다.

　좌뇌는 반론하는 뇌이고 우뇌는 응원하는 뇌다. 연인이 갑자기 냉정해졌다는 상담인 경우, 시시한 상대는 헤어지는 것이 어떠냐고 충고를 하면 우뇌형의 사람은 그것이 정확한 것으로 받아들이고 좌뇌형의 사람은 이유를 대며 반론한다. 반론을 하는 좌뇌형의 사람에게 다시 충고를 하더라도 반론은 반복된다.

　좌뇌형의 사람은 자신이 어떻게 했으면 하는가를 남에게 상담한다. 좌뇌는 항상 객체이고 수동이기 때문이다. 한편 우뇌는 주체다. 좌뇌의 발상만으로는 항상 수동으로 자신이 존재하지 않는다. 자신이 찾는 것이 잘 되는지, 어떤지는 우뇌가 얼마나 생각할 수 있는지, 생각할 수 없는지 판단한다.

~ 우뇌를 각성시키기 위하여 ~ 짧게 상담하자.

3. 칭찬은 우뇌, 험담은 좌뇌

　칭찬하는 것은 좋은 일이다. 상대방에게 칭찬을 하는 것은 듣는 사람도 좋고 자신에게도 좋은 것이다. 칭찬은 개인 간의 단절을 허물고 화합을 다지는 효과는 물론 세상을 보는 눈을 긍정적으로 바라보게 한다. 칭찬하는 것은 우뇌이고 험담하는 것은 좌뇌다. 험담을 하거나 푸념이 많다는 것은 좌뇌를 쓰고 있기 때문이다. 우뇌로는 험담을 하지 못한다. 아주 작은 일에까지 간섭하는 습성은 좌뇌가 열심히 이치로 따져서 험담할 부분을 찾고 있기 때문이다.

　칭찬하는 것은 직관이다. 우뇌에서 이런 점이 좋다고 느끼는 것이다. 이는 남을 칭찬하고 있는 자신의 우뇌가 활성화 되고 있다고 보면 된다.

　반대로 남을 칭찬할 수 없는 사람은 우뇌가 쇠약해져 있는 것이다. 칭찬할 수 있는 뇌가 굳어진 상태라고 보면 된다. 일반적으로 재미있는 사람이라고 하면 남을 칭찬할 수 있는 사람이다. 남을 칭찬함으로서 창조성을 자극하는 것이다.

　그림을 그릴 때 먼저 토마토의 액자, 물고기 눈알, 꽃의 수술 등의 부분을 포착해서 그려보는 습관이 있으면 좋다. 그런 그림을 그려보는 것은 뇌가 정밀한 사물에 대하여 칭찬하고 있는 것이다. 칭찬하지 않는 사람은 무시하는 것과 같다. 무시하고 어떤 형태든 험담을 하고 있는 것이다.

　그렇다고 걱정할 필요는 없다. 험담하는 사람은 자세히 보지 않고 겉모양으로 보고 있기 때문이다.

　개별적으로 험담하는 사람은 개별로 칭찬할 수도 있다. 개별로 본다거나 부분이나 본래 그대로를 볼 수 없는 사람은 모양으로 험담을 한다. 모양으로 험담하는 사람은 칭찬하는 것이 서투르다. 젊거나, 예쁘거나, 귀엽다는 말밖에는 말 못하기 때문에 좀 더 구체적으로 말을 하지 못하는 것이다.

~우뇌를 각성시키기 위하여~ 칭찬하자.

4. 우뇌인은 다시 묻지 않는다.

　대답을 할 때 되물음을 하는 것은 좌뇌형 사람의 버릇이다. 또한 서로간의 소통에 있어서 삼가야 할 말이기도 하다. 오늘 비가 오냐고 질문을 받았을 때 마침 그날 일기예보를 못 들어서 고개를 갸우뚱거리며 되물음을 한다면 대화는 중단된다. 상대방에게 질문을 받았을 때 아는 그대로 이야기하면 된다.

　정답을 말하면 오히려 대화는 도중에 끊어진다. 모를 때는 모른다고 대답하면 된다. 상대방과의 대화에서 아무렇지 않은 대화는 특별히 정답을 구하고 있는 것도 아니다.

　스포츠에서 오늘 경기에서 누가 이겼는지 질문을 했는데 승패에 대한 답이 아니고 엉뚱한 답이 오면 질문한 사람이 당황하게 된다. 대답하는 사람은 자신의 행동이 잘못되었어도 잘못된 것을 모른다. 묻는 사람이 무시당

하는 꼴이 된다. 이런 대답은 버스가 정거장에 정거하지 않고 지나쳐버린 것과 같은 것이다.

　손님이 음식점의 메뉴를 보고 종업원에게 오늘 물고기는 어떤 것이 있냐고 물었을 때 종업원이 되물어 오면 그 요리는 부탁하지 않는 것이 옳은 것이다. 때문에 종업원의 대답을 중요하다.

　서로간의 대화에서 되물음은 실례되는 행위다. 아무 말도 하지 않는 묵비권 행사와 같은 것이다. 질문을 했을 때 되물어 오는 상대방에게 의문을 갖게 된다. 상대방이 무엇을 말해 줄 것인가는 상상이 안 되기 때문이다. 하지만 상상이 안 되는 것을 말할 때마다 즉흥적인 말로 자기 나름의 생각을 말하면 되는 것이다.

　좌뇌형의 사람은 성실하다. 그렇기 때문에 정확한 답을 할 수 없는 질문을 받았을 때 되물음을 하는 것이다. 생각을 중지하는 것은 상대방의 커뮤니케이션을 차단하는 것이다. 우뇌형의 사람은 상대방이 질문을 했을 때 정확한 답은 아니더라도 아는 그대로 이야기 한다.

　대화에서 가장 이상적인 것은 누구에게 묻는 것 보다 그 자리에서 여러 가지 생각 해 보는 것이다. 이것이 우뇌의 작용이고 창의성인 것이다.

　　　~우뇌를 각성시키기 위하여~ 가늠이 안 되는 것에 가늠을 해 보자.

5. 좌뇌형은 필요이상으로 의문을 갖는다.

　연인에게 데이트가 갑자기 취소되었을 때 우뇌형의 사람은 비어 있는 시간을 최대한 활용하려고 한다. 하지만 좌뇌형의 사람은 왜 약속이 취소되었는지 생각한다. 또한 자신을 미워하거나 틀림없이 다른 좋은 사람이 생겼다고 넘겨 집는다.

　좌뇌형의 사람은 자신에게 좋지 않은 슬픈 상황을 만들고 비극의 주인공이 되기도 한다. 하지만 일부러 나쁜 상황을 만들어 낼 필요는 없다. 인간의 머리 속에는 긍정적인 부분과 부정적인 부분이 존재한다. 양쪽이 있기 때문에 균형을 유지하는 것이다. 긍정적으로 작용하는 것은 우뇌다. 그런데 좌뇌가 지나치게 부정적으로 작용하면 갑자기 약속이 취소되었을 때에 의문을 품는다. 의문을 갖고 있는 사람은 그날 밤 전화로 약속이 취소된 것을 따지게 되는 것이다.

　상대방으로서는 갑자기 약속을 취소해서 미안한 생각을 하고 있는데 책망하는 식으로 말하면 다투게 되고 싫은 마음도 생기게 되는 것이 인간의 감정이다.

　한편 우뇌형의 사람은 약속이 취소된 시간에 다른 것을 할 수 있었다고 말을 할 수 있다. 그런 말을 들은 상대방은 같이 있지 못해서 미안한 마음을 가질 것이다. 누구나 예상할 수 없는 일이 발생했을 때 의문을 가질 수도 있다. 그러나 천재지변이 일어나도 좌뇌형의 사람은 재수가 없다는 생각을 한다. 불꽃놀이를 같이 보려고 했는데 태풍이 불어서 불꽃놀이가 취소되어도 자신은 운이 나쁘다고 생각을 한다.

좋지 않은 일, 운이 나쁜 것에는 이유가 있을 수 없다. 그런 일은 자주 있는 것이 아니라 가끔 있을 뿐이다. 그날 우연히 태풍이 온 것뿐이다. 우뇌형의 사람은 모든 것을 가끔 있는 것으로 생각한다.

비가 오는 날도 좋고 햇볕이 뜨겁게 내리쬐는 날도 상관없다. 있는 그대로 받아 그것에 맞추어 활용하려는 것이 우뇌형이다. 좌뇌형의 사람은 모든 것에 필요 이상으로 의문을 갖는다. 의문은 연인에게 헤어지는 지름길이다.

연인과 헤어질 때 왜 상대방이 변심했는가를 생각해도 소용없다. 그렇다면 그저 등을 돌리는 것뿐이다. 원인을 밝혀낸다고 문제가 해결 되는 것이 아니다.

의문이 있는 사람은 바보스러운 행동을 하고 있는 것이다. 이런 일이 생길 리가 없다는 눈 앞 현실을 부정하는 방향으로 끌고 간다. 그렇지 않고 있는 그대로 받아들이는 긍정적 생각을 갖는 자세가 필요하다.

~우뇌를 각성케 하기 위하여~ NG의 이유는 생각하지 않는다.

6. 부정적인 말이 되면 멈추는 게 좌뇌형이다.

회의를 하고 있을 때 좌뇌형의 생각대로 흐르면 회의가 어디로 가는지

장담할 수가 없다. 회의 서두에서는 모두 우뇌가 작용한다. 어느 일정시간이 지나면 모두가 좌뇌형 사고로 흐르기 쉽다. 결국 좌뇌형이 회의를 중단시킨다.

좌뇌형은 회의가 결론이 날 것 같으면 부정적인 발언을 해서 회의의 흐름을 바꿔 놓으려고 한다. 무르익은 이야기에 방해를 하는 사람은 슬프게도 우뇌는 쉬고 있고 좌뇌가 작용하고 있는 상태. 그런데 시간이 지날수록 그 사람에게 말려들어가 모두의 좌뇌로 작용해 버린다. 그러니 회의가 장시간 걸리는 것이다.

회의는 좌뇌가 작용하기 전에 또는 좌뇌형의 사람이 회의를 방해하기 전에 짧은 시간동안 결론을 내는 것이다. 좌뇌형 인간이 우물쭈물하고 있는 동안에 모든 것을 거침없이 결정하는 것이 가장 바른 회의 방법이다

기획을 관철시키려고 생각한다면 상대방의 좌뇌가 깨기 전에 잘 설득하는 것이다. 좌뇌형의 사람이 말이 나오게 되면 회의는 중단하는 경우가 많다.

창의적인 회의가 중단되는 경우는 불평과 비난 같은 부정적인 말이 있을 경우다. 이렇게 되면 회의는 결론을 내릴 수가 없고 다음으로 연기된다.

~우뇌를 각성케 하기 위하여~ 하찮은 화제는 중단하자.

7. 좌뇌형은 증거가 없으면 믿지 않는다.

좌뇌형의 사람과 이야기를 하고 있으면 반드시 근거가 있냐고 말한다. 기획을 제안해서 기획에 맞는 증거가 없고 이 시간에 기획을 하는 것을 부정적으로 말하는 사람이 있다면 기획을 제안한 사람은 황당할 수밖에 없다. 자기 자신이 하고 싶었고 좋아 해서 기획을 한 것이다.

이 기획의 제안에 근거가 있어야 하고 부정적인 말을 하는 사람은 좌뇌형의 사람이다.

안과에서 시력교정술을 받을 사람이 안전하다는 증거를 말해도 그 사람은 평생 수술은 못 받는다. 모든 수술에는 위험이 있다. 하지만 의사는 위험에 대해서는 분명하게 말해준다.

미국에서는 시력교정술을 10년 이상 실적이 있고 150만 명이 수술을 받았다. 시력교정술이 10년은 괜찮더라도 15년째에 가서도 괜찮다는 증거가 있냐고 증거를 제시할 수 없다. 10년 전에 시작된 기술이니 15년째 되는 해에 괜찮다는 증거를 대라고 할 수 있다. 그렇게 말 하는 사람은 15년 지나 증거를 갖추더라도 수술을 받지 못한다. 15년이 지나면 20년 이상의 증거가 신경 쓰이기 때문이다.

안과 전문의는 어떤 위험성이 있는지 알고 또한 극복 가능성도 알고 있기 때문에 그 한 점만으로도 우리는 충분히 신용할 수 있는 증거가 된다.

그런데 좌뇌형 인간은 아무리 많은 증거를 제시하더라도 납득을 못한다.

더 증거를 내라고 한다. 하지만 증거는 몇 개 더 있다고 입증 할 수 있는 것이 아니다. 우뇌형 인간은 하나의 주관적인 근거가 있으면 그것으로 충분하다.

이 한 가지 근거 하에 여러 가지 좋은 증거를 늘려도 좌뇌형 인간은 참된 증거를 고집한다. 이래서는 행동력은 없고 속도도 떨어진다.

우뇌형의 사람은 스포츠를 하고 있는데 그것이 능숙하지 않더라도 하는 것 자체가 즐겁기 때문에 계속한다. 즐거운 것으로 본전은 찾았다고 생각한다. 그런데 좌뇌형의 사람은 스포츠를 하다가 졌다면 다시는 하지 않는다거나 졌다고 분개한다. 좌뇌는 이기는 것을 좋아한다. 하지만 행위자체는 즐기지 않는다. 좋아서 하는 것이 아니고 이기기 위해서, 돈 벌기 위해서 또는 자신이 성공하기 위하여 하고 있는 것이다.

돈벌이가 안 되는 일은 즐겁지 않다. 좌뇌로 일을 선택한 사람은 행복감, 만족감을 맛보지 못한다. 자신은 일하는 것에 노력을 많이 하고 있는데 비해 급여를 많이 받지 못하는 것으로 생각한다. 좌뇌형의 사람은 아무리 급여를 많이 받더라도 만족하지 않는다고 할 것이다.

그러니 급여 만족도 같은 여론조사는 의미가 없다고 생각하는 것은 만족하는 사람이 없기 때문이다. 이 같은 질문의 발상자체가 좌뇌형의 발상인 것이다.

책을 사면 출판사에서 제공하는 카드가 있을 때가 있다. 보통 책을 읽고 소감을 묻는 질문이 있는데 대답을 분명하게 하는 사람은 우뇌형이다. 그러나 보통이라고 쓰는 사람은 신경 쓰는 타입의 좌뇌형이다. 인연에 관한 책을 구입하고 나서 연인이 생긴다고 쓰여 있는데, 자신은 연인이 안 되니깐 돈을 돌려 달라고 말하는 사람이다.

책을 재미있게 읽고 좋은 정보를 얻었다고 생각하는 사람이 우뇌형이다. 이는 정보의 가치가 책값보다 더 비싸게 느끼기 때문이다

시력교정수술을 받은 사람도 마찬가지다. 눈이 잘 보이면 시력교정수술비가 비싸다고 느끼지 않을 것이다. 눈이 잘 보이게 된 것만으로 사람은 성격까지 변하기 때문이다. 하지만 좌뇌로 생각하는 사람은 이미 머릿속에 계산을 하고 있다. 좌뇌형의 사람은 어떻게 하면 얼마나 벌 수 있는지를 먼저 생각하고 모든 것이 주고받는 타산으로 되어버린다.

~우뇌를 각성케 하기 위하여~ 증거보다도 좋고 싫은 것으로 결정하자.

8. 우뇌는 연령을 초월한다.

사람을 만날 때마다 나이를 묻는 사람은 좌뇌형의 사람이다. 우뇌형의 사람은 나이를 의식하지 않는다. 좌뇌형의 사람은 항상 나이를 의식하고 있는데 이는 나이를 의식하지 않으면 불안하기 때문이다.

나이를 묻는 사람은 상대방이 자신보다 나이가 많은 것을 알게 되면 갑자기 경어를 쓰고 연하라고 알면 거만해지기도 한다. 연령대로 보는 것은 패턴인식의 한가지다.

나이가 적으면 듣는 것만으로 젊어진다. 패턴인식으로 스무 살은 젊고

어느 연령을 지나면 늙었다고 의식하는 것은 좌뇌형의 사람이다. 상대방이 늙었다고 의식하는 사람은 자기 자신도 이런 나이라고 책망한다. 하지만 우뇌는 나이를 느끼지 않고 노화도 안 된다. 파괴되는 세포도 있지만 남아 있는 세포도 무한하다. 피로한 것은 뇌가 아니고 말단기관이다.

머리가 피로하다고 하는 표현이 있지만 머리는 그렇게 약한 것이 아니다. 머리의 주변기관, 말단기관, 감각기관이 피로해진 것뿐이다. 뇌는 소소한 일에 지치지 않게 되어 있다. 그만큼 고성능인 것이다.

책을 읽어서 피곤을 느끼는 것은 뇌가 지친 것이 아니라 눈이 피로한 것이다. 원고를 써서 피로한 것은 손이다. 하지만 뇌가 피로하다고 하는 믿음을 가지고 있는 것뿐이다. 뇌는 나이를 먹지 않는다. 좌뇌형의 사람은 나이를 먹었다고 자신에게 입력하고 있는 것이다.

병원에서 의사가 환자에게 진료를 하면서 나이를 말하면 환자는 불쾌할 수가 있다. 환자는 나이 때문에 병원에 진료를 받으러 간 것이 아니라 병이 있어 병원에 간 것이다. 진료를 하면서 나이가 있어 병이 악화 되었다고 들으면 환자는 맥이 빠질 것이다.

또한 옷을 파는 가게도 마찬가지다. 연세가 있기 때문에 더 수수한 옷이 좋다고 말하는 가게는 흥미가 없다. 연령대에 맞는 옷보다 더 세련된 옷을 권하는 가게가 우뇌적인 발상이다.

옷을 파는 점포는 좌뇌형 점원과 우뇌형 점원 있다. 뭔가를 선택하려 할 때 좌뇌형의 점원이 말하는 의견만을 말해서는 안 된다. 또 하나 예를 들면 회사를 그만 두려고 할 때도 그렇게 하라고 응원하는 것은 우뇌다.

하지만 자신에게 그만둘 결심이 생길 때는 그만두는 편이 좋다고 말하는 것은 좌뇌다. 좌뇌가 강한 사람은 그렇게 세상은 달콤한 것이 아니라고 항상 생각한다. 성공한 사람이 있다면 무슨 이유가 있을 것이라고 생각하는 것이다.

성공한 사람에 대한 부정적인 생각을 하거나 그 사람의 인격을 무시하는 경향이 있다. 의욕을 꺾은 뒤에 다시 그것을 위로하는 쪽도 좌뇌이다.

~우뇌를 각성케 하기 위하여~ "이젠 나이가 나이이니깐" 라고 말하지 않는다.

9. 택시기사와 공유하는 유익한 정보

우리가 택시를 타고나서 택시기사로부터 많은 정보를 얻고 있다. 하지만 택시기사가 손님에게 정보를 주면 그 정보가 전달이 안 되는 경우가 종종 있다. 확실한 정보임에도 불구하고 택시기사와 소통하는 것은 조금 어려움이 있다. 소통이 잘 되지 않는 택시기사가 있다면 플러스가 되는 정보를 알려드린다는 발상으로 방법을 바꾸어 보는 것이다. 손님이 먼저 정보를 알려드리면 택시기사도 나름의 생각을 이야기 할 것이다. 그렇게 소통하면 보다 좋은 정보가 들어올 수 있다. 가장 쓸모없는 질문은 경제를 묻는 손님이다. 경제에 관한 질문을 하면 약간 살아나는 것 같다거나 혹은 유사 이래 최악이라는 반응 밖에 돌아오지 않는다. 그렇게 되면 세상은 어디나 경기가 나쁘다고 생각하는 단편적인 결론이 되어 버린다.

그 보다 오늘 저녁 오페라를 하는 극장이 있는데 매진되었다고 하면 택시기사는 친구들끼리 정보교환을 할 것이다. 이 같은 정보의 소통은 서로에게 도움이 된다. 손님이 택시기사에게 정보를 주고 택시기사는 손님에게 정보를 받아 자신과 같은 택시기사에게 정보를 보낼 것이다. 이렇게 되면 손님은 극장에 나올 때 택시가 없어서 곤란해질 염려도 줄어든다. 이 같은 정보는 손님과 택시기사에게는 대단히 중요한 정보가 되는 것이다.

매상이 좋은 택시기사는 영화정보가 있는 정보지를 체크하고 있다. 매상이 많고 적은 것은 달리는 거리에 비례하는 것이 아니다. 어디서 사람들이 많이 모이는가를 정확히 파악하고 있는 택시기사가 매출이 많아진다.

도로가 한 곳에서는 혼잡하고 다른 한 곳은 한적한 곳이 있다. 같은 식으로 한편은 빈 택시가 줄서 있는가하면 한쪽은 택시 손님이 줄을 서 기다리는 불균형 상태가 생기는 것이다. 택시기사들의 가장 필요한 정보는 손님이 어디에 많이 있는지를 파악하는 것이다. 손님이 기다리고 있는 장소에 길이 혼잡하면 그 길도 가급적 피하려고 한다. 그럴 때 택시기사에게 혼잡한 도로 정보를 주면, 택시를 타고 있는 동안은 서로 상대방 입장에서 자신이 갖고 있는 정보를 주는 것이다. 거기에서 비로소 소통이 된다.

택시기사와 어떻게 접하느냐 하는 것은 평소 그 사람이 여러 사람들과 어떻게 접하고 있느냐로 이어진다.

손님이 손님의 관점에서 생각할 때 사용하는 것은 좌뇌다. 상대방의 발상으로 생각을 바꾸는 것으로 우뇌 쪽으로 바뀌는 것이다.

고정관념에서 같은 각도로 사물을 보고 있으면 한참 동안 택시가 오지 않았을 때 불평을 하게 된다. 그때는 영화를 보고 난 관객이 많아 택시를 잡기 어렵다고 부드럽게 말하면 기사에게는 좋은 정보가 된다.

～우뇌를 각성시키기 위하여～ 택시기사에게 정보를 주자.

제4절

일상생활에서 우뇌트레이닝

~자기 속에 잠자는 "불가사의한 힘"을 끌어내는 24시간~

1. 왼손으로 그려보자.

   그림을 잘 그려보자고 생각하는 것은 좌뇌의 감각이다. 능숙하지 않아도 좋다는 생각을 갖고 그림을 그리는 사람은 우뇌형의 사람이다. 우뇌의 감각은 능숙한 의식을 초월하고 있다. 잘 그리려고 생각하면 패턴인식이 되어 버린다. 능숙하다는 것은 다른 말로 표현하면 바르다는 것이다. 학교에서 물고기를 그리는 테스트를 할 때 물고기의 이미지에 따라 꼬리까지 전부 넣어서 그려야 잘 그렸다고 한다.
   머리만 그리거나 혹은 지느러미가 빠지면 잘 그리지 못했다고 한다. 하지만 처음부터 전체상을 마음속에 떠올려 꼬리까지 스케치북에 다 들어가게 그린 그림은 창의력이 없는 것이다.

어떤 사람은 택시를 탔을 때 택시기사 얼굴을 그린다. 운전대 옆에 걸어둔 신분증 사진을 보고 그리고 있을 때 운전기사가 그리고 있는 그림을 보고 웃고 있다면 그리고 있는 자신도 힘이 난다. 택시기사가 웃는 것은 신분증 사진과 그리고 있는 얼굴이 닮았다는 증거다. 이때 그림을 그리는 사람은 얼굴 전부를 그리지 않고 가장 특징 있는 부분을 그려도 된다.

반드시 눈을 그려야 한다든가, 입, 코도 그려야 한다는 것이 아니다. 그 사람다운 한 부분을 그리는 것만으로 닮는 것이다.

삽화 그리는 사람의 화실에 가보면 닮은 얼굴 그림 중 다 그리지 않은 부분의 그림 쪽이 닮은 면이 많은 것을 볼 수 있다. 어떤 사람의 얼굴은 턱과 코만 보아도 꼭 닮은 인상을 준다.

어느 부분을 포착해서 다른 사람과 다른 부분을 찾아내는 것이다. 그림에는 정답이 없으므로 잘 그리려고 하지 않아도 된다. 잘 그리지 않으려고 한다면 오른쪽이 드는 사람은 왼손으로 그리면 된다. 오른손 보다 왼손으로 그리면 우뇌가 잘 작용한다.

잘 드는 손으로 그리기 때문에 잘 그리려는 힘이 들어가는 것이다. 잘 들지 않는 손을 사용하면 보다 정확히 못 그리는 대신 사실적으로 그리게 된다.

그림은 오른손으로 그리는 것보다 왼손으로 그리는 편이 좋은 매력적인 그림이 된다. 그림을 거꾸로 그려보는 것도 하나의 방법이다. 거꾸로 그리려고 하면 패턴인식을 못한다. 보고 그대로 따라 그리려고 노력을 하지만 마음먹은 대로 그려지지 않는다. 그림을 거꾸로 보고 그릴 때 사람들은 이 그림을 보이는 그대로 보지 않고 원래 이미지를 생각하며 그리기 때문에 있는 그대도 그리기가 어렵다.

우리나라 지도를 그리는 것도 마찬가지다. 굉장히 많게 보아 온 지도지만 거꾸로 그리면 엉뚱한 지도가 된다. 거꾸로 그리기는 원래 이미지와 다르더라도 보는 그대로 그려야 한다. 엉뚱한 그림이 되더라도 실망하지 말고 자주 그리면 우뇌가 발달한다.

현미경을 보면서 곰팡이 같은 것을 스케치 하면 그리기 쉬운 것은 패턴이 없기 때문이다. 그리는 것도 어렵지 않고 비교적 간단하다. 이렇게 그리는 것은 좌뇌로 그리는 것이다.

꽃이나 어떤 사물을 그린다는 것은 사물을 어떻게 보느냐에 따라 달라진다. 어떻게 보느냐가 어떻게 생각하느냐로 이어지고 어느 뇌를 사용하느냐로 되는 것이다.

~우뇌를 각성시키기 위하여~ 상하 거꾸로 그려보자.

2. 원고를 수정하지 않는 것이 우뇌형이다

원고나 그림은 정신을 가다듬고 집중해서 써야 한다. 즉 정서를 해야 한다. 좌뇌가 원고 쓰면 깨끗하고 우뇌 보다 바르게 정리하게 된다. 하지만 정서한 것 일수록 시시하고 힘이 없어지는 것이다. 그림이나 글은 최초에 쓴 것이 가장 좋다. 정리 안 되었더라도 가장 에너지가 있는 것이다.

잡지를 보다가 얼굴이 예쁜 아이가 있어 그리고 싶은 생각이 있으면 그 잡지에 있는 공백 부분에 그려보는 수가 있다. 잘 그렸다 싶으면 잡지에 그렸다고 정신이 들 때가 있다. 그러나 스케치북에 다시 그리려고 해도 잡지에 그린 그림처럼 되지 않고 비슷하게 되더라도 시시한 그림이 되어 버린다. 이는 너무 다듬어져 버리기 때문이다.

남하고 대화할 때도 사과의 윤곽부터 그려가는 화법처럼 대화를 하면 재미가 없다. 사람의 대화는 보통 정리 안 된 것이다. 경험이 많은 사람이 말을 할 때도 정리가 쉽게 안 된다. 남과 어떤 주제로 대화를 할 때 자신이 가장 놀란 곳, 인상에 남은 곳부터 하는 것이다. 정리를 할 수 없어도 대화는 재미가 있고 기억에 남을 수 있다.

원고나 그림도 비슷하다. 원고를 고치는 시점에서 그 사람의 맛은 사라진다. 실패하더라도 고쳐 쓰거나 그리지 않는다. 실패한대로 제출해도 된다.

좌뇌는 실패를 용서치 않지만 우뇌는 실패를 용서한다. 실패를 용서하는데 새로운 발견이 있는 것이다. 붓으로 글을 쓰고 있으면 먹물이 가볍게 떨어지는 수가 있다. 있는 그대로 살릴 수 있다면 리얼하다. 붓을 옮길 때 가볍게 떨어진 먹물이 보통사람에게 그 마음을 전하는 것이다. 먹물이 끊긴 곳을 메워서도 안 되는 것은 끊어진 곳에 의미가 있기 때문이다. 이는 붓에 스피드감이 있었다는 것을 알 수 있다. 그린 그림의 선이 끊어져 메우더라도 결국은 알 수가 있다. 끊어진 선을 메우려고 하는 것은 좌뇌의 판단이다. 우뇌의 판단은 있는 그대로 두는 것이다.

누군가에게 편지를 쓸 때도 서툰 곳이 없는 편지는 시시한 것이다. 어딘가 행간에 써 넣은 글자가 있다든가 지운 자국이 편지가 운치가 있다. 어떤 것을 지웠는지 신경이 쓰이기도 하지만 본심에서 썼다는 마음이 생기기도 한다. 읽는 사람이 수정한 것을 느끼면 어떤 본심은 숨겨진 것 같은 느낌이 있어 재미가 적어진다. 영업사원의 말을 듣고 있는 것 같은 느낌 이거나 부재중의 전화 메시지 같은 느낌이 드는 것이다.

우뇌형의 사람은 편지를 고치지 않는다. 마음에 있는 그대로 편지지에 쓰는 것이 우뇌형의 마음이다.

~우뇌를 각성케 하기 위하여~ 실패하더라도 고쳐 쓰지 않는다.

3. 빨간색 대신 사과를 그린다.

보통 많은 사람들은 사과를 빨간색으로 그리려고 한다. 그래서는 패턴이 되어 버린다. 사과는 빨간 것만 있는 것이 아니다. 중요한 것은 빨간 것을 쓰지 않고 사과를 그릴 수 있는 것이다.

스케치하고 있더라도 실물을 보지 않은 사람은 많다. 사물을 보는 힘은 우뇌에 있고 좌뇌는 패턴으로 인식한다. 사과란 이런 것이구나 하고 인식하는 것이다. 좌뇌형 사람에게 사과를 그리게 하면 곧장 빨간 것으로 그린다. 하지만 사과는 보기에 따라서 다른 형태로 보일 수가 있다. 밤에 보면 빨간 색으로 보이지 않고 검게 보인다. 대개 빛이 많이 닿는 곳을 보더라도 빨간색만은 아니다. 혹은 주위 환경에 의하여 빨간색으로 보이지 않을 수도 있다.

또 한 개의 사과 속에 빨갛지 않은 부분도 있다. 우뇌로 보는 사람은 자연그대로 보고 있기 때문에 빨갛지 않은 부분이 많이 있다고 느낀다. 어려서부터 하늘과 바다는 푸른 것이 아니고 바나나는 노란색이 아니라고 훈련을 받은 사람은 좌뇌보다 우뇌가 발달되어 있다.

틀림없다고 믿고 그리면 그것은 스케치라고 말 할 수 없다 이것은 머리카락을 검게 그리는 것과 같은 것이나 살색으로 피부를 색칠하는 것과 같다. 물감의 살색은 살의 색이 아니라 전혀 이상한 색이다. 그림에 능숙한 아이들은 살색으로 얼굴 칠을 하지 않는다.

~우뇌를 각성케 하기 위하여~ 얼굴색을 살색 아닌 것으로 그리자.

4. 좌뇌인은 그림 윤곽부터 그리고 우뇌인은 중심부터 그린다.

좌뇌형의 사람은 사물을 윤곽부터 그린다. 즉 패턴을 인식하고 있는 것이다. 사과 같으면 먼저 둥글게 그리고 나서 축을 그린다. 그런 그림은 본 사람에게 맛없는 느낌을 갖게 한다. 그것은 기호이지 그림이 아니다.

과일을 윤곽부터 그리는 사람은 좌뇌형이다. 윤곽부터 그리면 액자도 패턴이 된다. 윤곽이 먼저 다 되면 뒤에는 그것에 들어맞게 좋아 하는 부분을 그리기 때문이다. 그런데 우뇌형의 사람은 부분부터 그린다. 좋아하는 부분부터 그리는 것이다. 좋아하는 부분부터 그리면 실물을 자세히 그리는데 충실하게 된다. 단, 균형이 맞지 않아 어색한 그림이 될 수 있다. 그곳만 매우 상세하게 그리기 때문이다.

그림 편지로 쓰려고 엽서에서도 그림이 빗나가 버린다. 최초에 그린 부분이 세밀하기 때문에 아무래도 전체가 커져 버린다. 하지만 그렇기 때문에 더 훌륭한 그림으로 보일 수 있다. 좌뇌로 그리는 사람은 패턴인식으로 최초부터 그림엽서에 담아서 그리려고 한다. 이것으로 액자가 작아지는 것이다.

물고기 그림을 그릴 때는 대개 물고기의 패턴을 그린다. 이것은 물고기를 보지 않은 사람이다. 보고 있는 생각으로 머리 속에서 과거에 본 물고기는 이렇다고 하는 이미지를 그리고 물고기의 패턴을 그리고 있는 것이다.

물고기 그림을 눈알부터 그리는 사람이 있다. 윤곽을 그리고 눈을 그려 넣는 것이 아니다. 물고기 눈을 그린 뒤 거기에 맞추어서 전체를 그려가는 것이다. 몸체는 종이 속에 만들어가도 된다. 자신이 가장 마음에 드는 부분부터 그려 간다. 꽃도 대부분의 사람들은 꽃잎부터 그린다. 이것은 패턴인식으로 그려가는 것이다. 하지만 우뇌로 그리는 사람은 꽃술부터 그려간다. 부분에 집중하여 꽃 속의 자세한 곳부터 그리니 꽃잎을 정확히 볼 수 있게 된다.

그림은 자기가 그때 가장 관심 있는 곳부터 그리는 것이 좋다. 이것만으로도 압도적으로 그림의 그리는 방법이 달라진다. 물고기는 입부터 그려도 된다. 패턴을 그리고 있는 사람은 입을 뜻하는 선을 넣는 것만으로 끝난다. 물고기에도 입술이 있다. 그리는 순서는 정해진 것이 아니다.

　윤곽부터 그리는 것은 관심 있는 부분이 하나도 없다는 것이다. 자세히 보려고 하지 않고 그림을 그리는 사람은 남을 칭찬할 때도 젊다, 아름답다, 예쁘다 등의 표현으로 되어버린다.

　~우뇌를 각성케 하기 위해서는 ~ 그림을 윤곽부터가 아닌 중심부터 그리자.

5. 사진은 파일에 넣지 말고 레이아웃해서 붙이자.

　사진을 정리할 때 파일에 넣는 것은 좌뇌형의 작업이다. A4용지를 사용해서 사진을 배열하는 방법도 괜찮은 방법이다. A4용지에 사진 4매 정도 넣으면 보기에 좋다. 하지만 단순히 4매 나란히 늘어놓는 것만으로는 아무런 흥미가 없다. 사진은 찍는 것으로 끝이 아니다.

　사진을 효과적으로 나열할 때 한번 더 즐길 수 있다. 레이아웃 할 때는 양면테이프를 뒷면에 붙이면서 어떻게 배열하는지 생각해야 한다. 파노라마 형태로 보이게 하거나 입체적으로 느낄 수 있는 배열을 생각해 보는 것이다. 사이즈가 크면 사이즈 변화를 주어 디자인 하면 되는 것이다. 사진은 가위질해도 되고 중요한 부분만 잘라서 사용해도 된다.

　물론 겹쳐 사용해도 되는 것이다. 즐거웠던 이미지를 전하기 위해서는 어떻게 레이아웃하면 좋은가를 생각하면 단순히 4매 늘어놓는 것만으로는 쓸모없는 작업이 되어 버린다.

사진의 배열도 연속한 것을 늘어놓는 것보다 전혀 다른 종류의 사진을 살짝 넣는 것도 좋다. 같은 장소에서 찍은 사진 옆에 반대쪽 풍경을 넣어서 레이아웃 한다거나 하면 즐거워진다.

여러 사진을 골라서 콜라쥬 해도 좋고, 한 장만 살짝 넣어도 좋다. 사진을 찍는 단계에서 끝나거나 파일에 규칙적으로 넣는 것만으로는 아깝다. 그림을 장식할 때는 미술관의 관장이 된 마음으로 어떻게 배열할 것인가를 생각한다.

천정 가까운 곳에 작은 그림을 장식하려는 예술가는 그림을 장식하는 높이와 위치 때문에 어려움을 많이 격을 것이다. 높은 위치에 그림을 장식하는 예술가의 감각을 배울 필요가 있다. 천정 가까운 곳에 그림을 장식해 놓은 것을 보면 그 사람의 레이아웃 감각이 나온다.

센스 없는 사람이 장식하면 위치가 벗어나서 안정감이 불안하다. 비틀어지지 않더라도 무엇인가 맞지 않는다고 느끼는 것이 센스다. 확실히 이곳의 레이아웃이 미묘하게 여기가 아닌 것 같이 느끼는 것이 센스다.

좌뇌형의 사람이 그림을 레이아웃 하면 단순히 센터에 놓게 된다. 좌우와 상하의 한 가운데에 놓는 것이 좋다고 판단한다. 좌뇌형의 사람은 사진을 찍을 때도 언제나 한가운데 사람이 찍힌다. 이렇게 해서는 흥미 없는 것이 되어 버린다.

거실 벽에 작은 액자 네 개를 장식하는 방법은 무한하다. 넓은 벽에 하나의 열로 식으로 장식하는 것은 가장 시시한 장식법이다. 그림을 장식하는 방법에 따라 방이 넓게도 느낄 수 있고 좁게도 느낄 수 있는 것이다.

~우뇌를 각성시키기 위하여~ 사진을 콜라쥬 해서 붙이자.

6. 설명이 적은 영화를 보는 편이 말을 많이 할 수 있어 즐겁다.

영화나 연극에는 충분히 설명되어 있는 것과 관객의 상상에 맡겨두는 것이 있다. 설명이 많이 들어 있으면 알기 쉽다. 하지만 이미지가 부풀지 않는다. 한편 설명이 적으면 이미지는 부풀지만 이해하기 어려워진다.

미국 허리우드 영화는 빈틈없이 설명되어 있다. 허리우드 영화는 서로 말이 통하지 않는 다국적 사람들이 모여 있는 나라에서 모두가 즐길 수 있도록 되어 있기 때문에 매우 이해하기 쉽다. 설명이 빈틈없이 되어 있지 않으면 각각 다른 문화배경에서 보았을 때 해석이 나누워져 버린다.

그러니 액션 영화도 코미디도 빈틈없이 이해될 수 있도록 정돈된 작품으로 나온다. 그러나 많은 유럽영화는 허리우드 영화와 달리 설명이 별로 없다. 그래서 이해하기 어려운 점이 있다. 결말 없이 넘기는 영화도 있다. 허리우드 영화에서 결말을 애매하게 한 작품은 없다.

한국 영화는 유럽영화와 비슷한 작품이다. 설명은 끝까지 하지 않거나 설명을 생략하기도 한다. 줄거리가 충분하지 않은 영화는 일반적으로 어렵고 이해가 애매하다. 하지만 그 까닭을 잘 모르기 때문에 즐거움을 찾도록 되어 있는 것 같다. 우리의 창극도 시나 시조 같은 것으로 대부분 설명이 없다. 창극을 보는 사람이 상상력을 발휘해서 해석해야 하는 것이다.

영화에서 생략된 부분을 상상해서 보는 것은 우뇌다. 설명부분은 좌뇌에서 보고 있는 것이다. 이해하기 어려운 곳을 설명부족이라고 화내는 것은 좌뇌형의 사람이다.

난해한 것은 설명이 서툰 것이 아니라 상상할 수 있도록 해석의 여지를 남겨 놓은 것이다. 본 사람과 읽은 사람에게 여러 해석의 여지를 남기는 것이 좋은 예술작품이다. 생각할 수 있는 부분을 즐길 수 있고 없는 것은, 우뇌형의 사람인가 아니면 좌뇌형의 사람인가 하는 차이에서 나오는 것이다.

~우뇌를 각성시키기 위해서 ~ 설명이 적은 영화를 멋대로 설명하자.

1. 음악을 듣고 어떤 강아지가 등장하는지 상상하자.

좋은 음악을 들으며 반드시 그 음악에 맞는 장면을 떠올리는 것도 좋은 행동이다. 광고를 만든다는 생각을 하고 음악에 강아지를 등장시키는 연상을 하는 것이다. 그리고 어떤 장면을 떠올릴 때는 그 음악에 등장시키는 강아지는 어떤 강아지인지 함께 생각한다. 진돗개냐, 푸들, 그레이하운드 등

음악을 들은 시점에서 벌써 영상이 떠오를 것이다.

 푸들이 나오는 음악과 진돗개가 나오는 음악은 전혀 다르기 때문이다. 하지만 어떤 강아지라고 말해도 떠오르지 않는 사람도 있다. 음악 해석은 사람마다 각각 다르지만 그래도 상관 없다.

 예를 들면 아름다운 음악으로 슬픈 장면을 생각하는 사람도 있다. 공포 영화에서는 아름다운 음악을 사용한다. 아름다운 음악을 사용할수록 공포 영화의 수준은 높아진다. 하지만 슬픈 장면을 생각하는 사람이 우울하다는 이유는 없다. 순하고 부드러운 사람일수도 있는 것이다.

 좋은 음악은 이미지를 좋게 만든다. 자신이 좋아 하는 음악을 선택하고 듣고 있으면 어떤 강아지가 어울리는지 떠오르는 것이다. 영화음악의 경우 그 영화에는 강아지가 안 나오더라도 만약 거기에 강아지를 등장시킨다고 하면 그것은 어떤 강아지일까를 생각하는 것이다.

 광고를 만들 때는 어떤 음악을 사용해도 영상에는 맞지만, 음악을 선택하는 작업은 어렵다. 광고는 보통 먼저 영상을 만들고 뒤에 음악을 붙인다. 그때 가급적 이미지에서 벗어나 음악을 붙이는 편이 영상은 넓혀진다. 어떤 음악이라도 무한의 가능성이 있고 맞지 않을 것 같은 음악이 잘 맞을 수도 있는 것이다.

 달리기를 할 때나 헬스클럽에서 런닝을 하고 있을 때 듣는 음악에 따라서 기운이 더 나기도 한다. 예를 들면 영화 로키의 테마곡은 달리기에 맞을 것 같지만 처음부터 장시간 듣고 있으면 달리고 있는 쪽이 지쳐 버린다. 로키의 테마곡을 마지막 힘을 다해서 달릴 때 어울리는 음악이다.

가장 힘든 곳에서 음악을 듣더라도 거리가 남아 있는 경우에는 역시 피로에 지쳐 버린다. 그보다도 영화 포레스트 검프의 곡을 듣는 편이 맞다. 포레스트 검프의 음악은 천사의 이미지다. 천사의 날개가 하늘에서 떨어져 내리는 이미지를 갖고 있어 느리고 감성적인 음악으로 되어 있다. 때문에 달릴 때 듣는 이미지의 음악은 아니다.

그런데 사실은 날개가 춤추듯이 떨어지는 리듬과 발 움직임이 맞아서 계속 달리는 포레스트 검프의 이미지가 되는 것이다.

음악은 축적이다. 누구나 많이 갖고 있다. 그것을 사용해서 상상력을 얼마나 훈련하느냐에 따라 달라진다. 만든 사람의 이미지에서 얼마큼 떨어지는 것과 제멋대로의 상상을 할 수 있느냐가 중요하다.

~우뇌를 각성케 하기 위하여~ 음악을 듣고 그림을 그리자.

8. 독서는 우뇌를 눈뜨게 한다.

책을 읽는 사람은 여러 가지를 상상하게 되는데 상상하는 것이 바로 우뇌다. 책을 읽는 것은 우뇌의 훈련이다. 깨닫지 않더라도 여러 가지 일을 상상하고 있고 마음 속에서 여러 가지 대화도 한다. 우뇌는 책 전체를 파악하고 좌뇌는 책의 세부적인 문맥을 파악한다. 좌뇌로 책을 읽으면 잡념이 찾아오지만 우뇌로 읽으면 잡념이 없다. 우뇌를 사용해야 기억에 오래 남고 독서를 빨리 할 수 있는 것이다.

일반적으로 언어활동과 논리 활동은 좌뇌를 쓴다고 생각되고 있다. 하지만 문자로 쓰여 있더라도 머리 속에는 그림이 떠오르고 있는 것이다. 이런 것이 있었다고 하는 추억은 문자로는 떠오르지 않는다. 이 책을 읽고 있는 사람도 모두 영상으로 회상하면서 읽고 있을 것이다. 그렇기 때문에 책을 읽는다는 것은 좌뇌가 아니고 우뇌의 훈련이다.

책을 읽으면 그것을 기억하려고 한다. 기억에는 두 가지가 있는데 전부 외우는 것과 이미지로서 뇌리에 새기는 행위다. 전부 외우는 것은 좌뇌의 훈련이고 이미지로 뇌리에 새기는 것은 우뇌의 훈련이다.

좌뇌는 통째로 외우려고 강요되고 있다. 이미지로 뇌에 새기는 것은 강요에 의한 것이 아니라 우뇌의 활동으로 기억하는 것이다. 기억한 것이 아니라도 명확히 회상되는 것이 있다. 그것은 강요된 것이 아니고 우뇌에 들어간 기억이다.

그림을 그릴 때에 모델을 보고 그리는 일도 있고 모델 없이 그리는 수도 있다. 모델 없이 그릴 때는 자신이 만났던 얼굴을 그리게 되어 있다. 이는 강요되지 않고 무심히 보고 있었기 때문에 우뇌로 기억하고 있는 것이다.

~우뇌를 각성케 하기 위하여~책을 읽자

9. 우뇌인은 브랜드를 분해해서 맞춤옷을 입는다.

양복을 하나의 브랜드로 갖추어 입고 있는 사람은 멋쟁이가 아니다. 통일적으로 입기를 바라고 만든 디자이너의 옷으로 갖추어 입는 것이 좋다는 사람이 있다. 좋을지는 모르지만 재미도 없고 멋도 느끼지 못한다. 이런 사람은 자신의 개성이 없다는 것이다. 멋을 아는 사람은 흐트러진 브랜드를 조화롭게 잘 입는다. 이런 사람이 우뇌형이다.

좌뇌형의 사람이 한다면 브랜드로 통일하고 있는 것 같지만 실은 흐트러진 것이다. 흐트러진 것은 정답이 하나 밖에 없다고 생각하는 사람이다. 이 사람은 패션에 흥미 없는 사람이다. 패션에 흥미 없는 사람은 한 가지 브랜드로만 입는 것이 가장 좋다고 생각할 뿐이다.

그것은 누가 입어도 같은 것이다. 자신은 미적 감각이 제로라고 말하고 있는 것과 같다. 자기다운, 자기가 좋아하는 것이 어딘가에 나타내려고 한다면 머리에서 발톱까지 완벽하게 브랜드 하나로만 하는 것은 아니다. 디자인이 창의적이어야 한다. 자신에게 디자인 하는 것도 마찬가지다. 무언가 다른 요소를 넣어야 하는 것이다.

다른 브랜드를 맞추는 것은 능력이 필요하다. 대체로 다른 발상에서 만들어진 것을 맞추었을 때 조화가 이루는 감각을 갖는 것이 필요하다.

예를 들면 유럽에 가면 집의 색상이 정돈되어 있다. 하나의 취향이라서 가구에서부터 가전제품까지 같은 색으로 갖추는 풍토가 있다. 그것이 멋이라고 하지만 옛 것과 현대의 것을 식별할 수 있는 능력을 발견하는 것이 우뇌형의 사람이다. 거기에 도전을 하는 것이다. 브랜드 한 세트가 스포츠맨과 예능인에게 아무것도 생각지 않고 멋을 포기하고 있는 것과 같다. 센스 있는 운동선수나 예능인라면 한 가지 브랜드 선호에서 벗어나야 할 것이다.

~우뇌를 각성케 하기 위하여~ 하나의 브랜드로 통일하지 말고 옷을 입어 보자.

10. 미적 감각을 무엇으로 훈련하는가?

미적 감각은 배우는 자세가 중요하다. 어릴 때부터 미적 감각을 익히면 창의적인 발상에 많은 도움이 될 것이다. 부모로부터 아빠가 좋은지, 엄마가 좋은지 물으면 아이는 대답을 하지 못한다. 정답이 없기 때문이다. 평소에 아빠의 모습과 엄마의 모습이 다르기 때문에 정답은 없는 것이다. 엄마는 이런 느낌이고 아빠는 저런 느낌을 갖고 있다고 말하는 아이가 없는 것은 질문 자체가 아이에게 받아들이지 못하기 때문이다.

마찬가지로 미적 감각의 정답은 하나가 아니다. 어떤 것은 화려하고 다른 것은 수수하다. 어떤 것은 여름 색상에 어울리고 다른 것은 겨울 색상에 어울린다. 어느 쪽이 좋은가를 항상 생각하는 훈련은 학교 교육에는 없다.

학교 교육에서 자신의 학교 축구선수가 입고 있는 색상이 어떤 것인가 묻는 것은 기억력 훈련을 하고 있는 것이다. 기억은 좌뇌의 작용이다. 이런 교육은 학교를 졸업하고 사회에 나오면 도움이 안 된다.

둘 중 하나를 선택하라는 것은 일상에서 많이 듣는 일이다. 점심 식사를 하려고 메뉴판에 음식을 선택하려고 하면 좌뇌형의 사람은 선택을 하지 못한다. 어느 것이 가장 맛이 있는가 묻는 것도 좌뇌형의 사람이다. 주위사람들이 먹고 있는 것을 보았을 때 어느 것이 맛있을 까 생각하는 것은 우뇌를 사용한다는 것이다.

수학 문제를 푸는 것도 우뇌를 단련하는 훈련의 하나이다. 수학문제를 푸는 법을 기억하라는 것이 아니다. 수학 선생님의 쓴 흑판에 레이아웃이 열정적이고 아름답다고 생각하면서 수학수업을 듣는 것으로 미적 감각을 단련하고 있었던 것이다.

특히 증명문제에서 수식을 받아 쓸 때에 레이아웃을 보는 것도 나쁘지 않다. 흑판 전체를 활용해서 여기 저기 푸는 방법을 쓰고 있는 것이 아름답다고 생각하면 미적 감각이 있는 것이다. 더욱 푸는 법을 설명하는 과정에서 흩어져 쓴 수식이 필요한 곳에 꼭 맞게 떨어진다면 감탄이 나올 것이다.

보통 증명문제는 앞에서 순서대로 써내려 간다. 그것이 흑판에 여기 저기 흩어지게 쓴 수식이 꼭 들어맞는 상태로 합쳐진다. 미리 예측하고 있는 것이다. 수학 노트가 깨끗이 레이아웃 되어 있는 있으면 수학공부를 잘하고 있는 것이다. 노트의 아름다움은 결국 레이아웃의 깨끗함에 귀결된다.

취직을 준비하고 있는 학생 이력서를 보면 레이아웃 감각이 있는지 없는지 차이가 명확하다. 얼마나 노트가 깨끗이 정리된 것인지 여부가 거기에 나온다. 어느 질문에서 어느 것이 맞는가 하는 이분법 질문은 좌뇌이고 대답을 하는 사람이 곰곰이 생각하는 것도 좌뇌형이다. 그래서 우뇌 훈련은 미적 감각을 익히기 위하여 필요한 것이다.

물감이 있으면 어떤 색 물감을 쓸 것인가 생각하는 것도 우뇌의 훈련이다. 평소에 항상 디자이너처럼 감각을 갖고 생활하는 것이다. 디자이너는 어느 쪽이 모양이 좋은지, 어떤 색의 구성이 가장 좋은지 생각한다. 색은 아무거나 맞는 구성도 있는가 하면 반드시 있어야 하는 색이 있다.

~우뇌를 눈 뜨게 하기 위하여~ 미적 감각을 생활에서 훈련하자.

제 5 절

몸으로 생각하는 사람은 언제나 젊다

~우뇌와 신체의 불가사의한 관계~

1. 반복연습하면 우뇌는 각성한다.

반복 연습은 우뇌를 단련하는 것이다. 사람은 시간이 흐르면서 우뇌형에서 좌뇌형으로 변한다. 시간이 흐른다는 것은 반복연습이 재미없게 느낀다는 것과 같다. 반복연습은 두뇌연습이 아니라 육체 연습이다.

또한 머리로 생각하는 것은 좌뇌이고 몸으로 생각하는 것은 우뇌이다. 우뇌형은 운동이나 일을 하면서도 몸으로 반복연습을 한다.

일이 급하게 몰려올 때 머리로 생각하고 있으면 소화가 잘 안 된다. 몸을 움직이지 않고 머리로만 일을 하고 있어서 그렇다. 행동력 있는 사람은 머리로 생각지 않고 몸으로 생각하여 행동한다. 몸으로 익히는 것에 대하여 얼마나 적응을 잘 하는가에 따라 좌뇌형과 우뇌형 사람으로 구분된다.

초등학교 저학년은 반복연습을 즐긴다. 숙달되는 것이 재미있기 때문에 어려운 것도 참는다. 고학년이 되면 반복연습이 싫어진다. 왜 이렇게 해야 하는지, 어떤 의미가 있는지 좌뇌가 생각하기 시작하기 때문이다. 붓글씨나 그림을 초등학교 저학년 때 배워두면 좋은 것은 반복연습이기 때문이다. 스포츠도 반복연습으로 외운다. 어른이 스포츠를 습득하기 어려운 것은 반복연습을 싫어하기 때문이다. 이와 같은 것이 무슨 의미가 있는지 더 편하게 하는 방법은 없을까하고 생각하기 시작한다. 재능 있는 사람이 스포츠를 못하는 것은 재주 있는 사람은 좌뇌형이고 반복연습에 싫증이 나기 때문이다.

　결국 재능 있는 선수는 기능향상이 잘 안 된다. 재능 없는 사람은 반복연습을 하면서도 고통을 느끼지 않는다. 운전면허를 취득하는데 시간이 걸린 사람이 운전을 잘한다. 그 만큼 연습했기 때문이 아니라 자신이 재능 없다는 것을 알고 있어서 그렇다. 이는 반복연습이 고통이 안 되기 때문이다. 반복을 할 수 있는 사람은 요리나 댄스나 다 능숙해 진다. 잘 안 되는 사람은 중지하고 다음 행동을 한다. 반복연습을 하는데 자존심이 허락지 않는 것이다. 자존심이 있으면 반복연습을 자신이 허락하지 않는다. .

　우뇌형 사람은 몸으로 반복한다. 유사시에는 몸으로 반복해서 익힌 것밖에는 살릴 수 없다. 머리로 생각하고 있어서는 따라가지 못한다.

~우뇌를 눈 뜨게 하기 위하여~반복연습을 하자.

2. 모르는 부분에 부딪치더라도 앞으로 나가자

　책을 읽거나 어떤 것을 배우는데 있어서 모르는 부분이 있더라도 멈추지 않는 것이 중요하다. 모르는 부분을 부딪치고 앞으로 나가면 뒤에 가서 아는 수도 있다. 그저 모르는 것을 모르는 채로 안고 앞으로 나아가는 것이다.

　좌뇌는 모르는 채로 있는 것을 허락지 않는다. 허락치 않기 때문에 서서히 멈춘다. 그러면 더 이상 앞으로 나가지 못한다. 인간관계에서도 상대방 일을 잘 알지 못하기 때문에 앞으로 갈 수 없다.

　PC방에서 가서 아무 게임을 하려면 설명서가 없다. 설명서가 없어도 그냥 시작하는 것이 보통이다. 좌뇌형의 사람은 먼저 설명서를 읽지 않으면 마음이 놓이지 않으니 게임이 안 된다. 그런 사람은 컴퓨터도 쓰지 못한다.

　현재 PC 매뉴얼을 읽는 사람은 거의 없을 것이다. 우뇌형의 사람은 매뉴얼 읽는 것이 귀찮아서 부딪친다. 키보드와 마우스를 움직여보고 PC가 다운되면 리셋스위치를 누르기도 한다.

　영어도 마찬가지다. 모르는 단어가 나올 때 마다 영어문장도 이해 못하고 회화도 안 된다. 모르더라도 이것은 이런 의미일 것이라고 말하면 엇갈리더라도 어떻게든 된다. 고유명사가 나오면 그것을 의지해가면 되는 것이다.

연애에 관해서도 대화를 주고받는 속에서 서로에 대하여 보이는 것이 있다. 만남이 잘 없거나 만나더라도 대화가 없으면 연애는 앞으로 갈 수 없다.

인간은 만나는 과정에서 서로를 알 수 있게 되는 것이다. 상대를 미리 알고 나서 대화를 하면 의미가 없다. 좌뇌형의 사람은 알고 나서 접촉하려고 한다. 그러면 위험을 피하는 것으로 된다.

위험을 받아들이기 때문에 만남이 있는 것이다. 행복이 있고 당연히 실패도 있다. 하지만 빗나가는 일도 당연히 있다는 것을 다 이해하고 만나는 것이다. 반대로 벗어나는 수도 있다는 것을 이해하고 있지 않으면 크게 다치는 수가 있다. 때로는 작은 실패로 경험을 쌓아두지 않는다면 더 크게 속는 수가 있다.

~우뇌를 각성케 하기 위하여~ 모르는 부분에서 멈추어 서지 않는다.

3. 오래 산다는 마음을 먹으면 지금 곧 달라진다.

장수하고 싶은 마음이 있으면 생활이 달라진다. 오래 살고 싶지 않은 사람은 별로 없을 것이다. 혹 장수하고 싶지 않다거나 나이를 먹어도 괴로우니 죽고 싶다는 사람도 있을 것이다. 하지만 70세까지 살려고 생각하는 경우와 125세까지 살려고 생각하는 경우에는 다른 것이 있다. 오래살고 싶다는 사람과 그렇지 않은 사람은 마음부터 다르다. 70세에 죽어도 좋다는 사람은 기운이 없고, 125세까지 살려는 사람은 젊은 것이다. 젊은 마음은 현실을 활성화시키고 있는 것이다 이것은 앞으로 몇 년 힘을 내려는 의욕이 좌우하는 것이다. 지금 30세로 70세에서 죽어도 좋다고 하는 사람은 남은 40년 살면 된다는 감각이다.

하지만 125세까지 살겠다고 하는 사람은 앞으로 95년 살려고 단단히 마음 먹게 된다. 70세에 죽어도 좋다고 하는 지금 30세 되는 사람의 여명은 125세까지 살겠다는 사람이 85세 되었을 때와 같은 것이다.

뇌는 그 연령의 각오를 하기 때문에 70까지 살겠다고 하면 힘이 없다. 같은 연령이라 하더라도 125세까지 살겠다고 하는 사람의 지금은 70세에 죽어도 좋다는 사람과 비교해서 더욱 젊은 상태로 있을 수 있다.

앞으로 몇 년 살겠다고 하는 의식을 갖는 것은 몇 살에 죽느냐 하는 것과는 다르다. 우뇌를 활성화하기 위해서는 보다 젊게 살려고 하는 자세가 필요하다. 70세에 죽어도 좋다는 사람보다도 125세까지 힘을 내겠다고 하는 사람이 우뇌가 보다 활성화 되어 있다.

오래 사는 것을 목표로 하는 것이 아니다. 현재를 얼마나 즐겁게 사는 것에 있다. 마라톤에서도 70세까지 달리면 된다고 생각하는 사람과 125세까지 달리려고 하는 사람하고는 지금의 기운이 다른 것이다.

~우뇌를 각성시키기 위하여~ 미래를 생각함으로써 지금을 변화시키자.

4. 1년에 하루만 건강진단이라 생각하고 달려본다.

　몸을 사용하면 우뇌는 활성화 한다. 1년에 한번은 마라톤 대회에 참가해서 달려 보는 것도 좋다. 대회를 출전하기 위해서 달리기 연습을 전혀 하지 않아도 된다. 그저 건강진단을 받는다는 생각으로 달려보는 것이다.

　달리는 것은 작년과 비교해서 지금 자신의 건강 상태를 체크하는 것이다. 달리기를 미리 연습을 해서 대회에 출전하면 보다 빨라질 것이다. 하지만 지금의 건강 상태를 모르게 된다. 종합건강검진을 받기 위해서 트레이닝 하는 사람은 없지만 건강검진에서 좋은 수치가 나올 수 있도록 평소부터 건강관리를 하는 것이다.

　이는 1년간 어떤 식으로 건강관리를 할 것인가 하는 목표를 세워야 한다. 평소에 댄스나 볼링으로 몸을 사용하고 마사지 숍에서 피로를 치료하는 등 여러 가지 방법으로 1년간 결과를 내기 위하여 노력한다.

　그때의 자신은 어떤 상태가 될 것인지를 생각하는 것은 우뇌적 발상이다. 단순히 이기고 싶은 기분은 좌뇌의 발상이다. 좌뇌적 발상은 기록을 몇 초 줄이고 싶고 이기고 싶다. 또한 몇 등에 들고 싶고 좋은 결과를 내고 싶다고 생각하고 훈련을 한다. 우뇌적 발상은 지금 자기 몸의 균형이 어떤 상태로 유지되고 있는지, 모든 것을 자신의 건강진단으로 한다.

　또 하나의 예는 1년에 한번 TOEIC 테스트를 받아보면 자신의 영어실력이 작년 보다 떨어진 것인가, 오른 것인가를 알게 된다. 그 때문에 공부하지 않았어도 일상생활 속에서 가급적 영어로 접하는 것을 신경 쓰는 것이다. TOEIC 테스트는 1년간 어느 정도 영어 실력이 늘었는가의 기준이 된다. 결과에 일희일우하지 말고 지금의 일상생활이 어떤 것인지 되돌아보는 데이터로 사용하면 된다.

지는 것이 싫다면 등수가 나오고 시간체크를 하는 마라톤 대회에는 못나가게 된다. 그러나 출전하는 것으로 승부가 아니고 자기 자신을 되돌아보는데 뜻이 있는 것이다. 마치 많은 사람들이 점을 보러 가는 감각과 같다.

점을 보는 사람은 자신을 되돌아보고 단점을 반성한다. 지는 것이 싫다는 사람과 유달리 지기 싫어하는 사람과는 다르다. 지는 것이 싫어서 아무 것도 안하는 것은 좌뇌의 발상이다. 지는 것이 싫으면 모든 행동을 못하게 된다.

~우뇌를 각성시키기 위하여~ 1년에 한번쯤 마라톤에 참가하자.

5. 좌뇌형은 실행보다 조사를 즐긴다.

좌뇌형의 사람은 조사를 좋아한다. 조사를 좋아하는 사람은 조직 속에 반드시 있다. 기획 회의를 하면 정말 적중하는지 어떤지 조사하자고 한다. 조사 같은 것을 작성하고 있는 동안에 그 기획은 알맞은 시기를 놓쳐버린다. 요즘처럼 정보가 빠르게 흐르는 시대에는 곧 낡은 것이 되고 만다.

우뇌형 인간은 먼저 실행한다. 실행이 조사로 되고 있는 것이다. 좌뇌형 인간은 실행을 하지 않고 조사를 하려고 한다. 실행하기 위한 조사 같은 것은 존재하지 않는다. 조사를 할 정도 같으면 실행하는 편이 빠르다.

자신이 책임을 지는 것이 쉽지 않기 때문에 행동하지 않거나 성공을 기대할 수 없으니 하지 않는다. 조사해서 실행해도 잘 안 되면 실행한 사람 탓으로 돌린다. 좌뇌형은 책임을 회피하려고 한다. 생각이 보수적으로 되는 것이다. 우뇌형은 자신이 책임질 각오가 되어 있다. 어떻게든 되겠지 하는 낙관적인 부분이 있기 때문이다.

~우뇌를 각성시키기 위하여~이 이상 "조사"같은 것은 하지 말자.

6. 일을 정리하는 힘은 우뇌의 집중력이다.

일을 정리 못하는 사람은 끝낼 능력이 없는 것이 아니다. 집중력이 연속 되지 않기 때문이다. 이것을 끝내야지 저것을 정리해야지 하고 생각했을 때 이미 생각은 다른 곳으로 간다. 집중해서 끝내려는 생각이 지속 되지 않는다. 엉망이 된 옷장을 정리하려고 옷장으로 가면서 책을 정리하거나 TV도 시청한다는 생각이 드는 것과 같다.

마음이 정리에 집중되면 정리 같은 것은 단번에 할 수 있다. 책을 읽는 것도 집중력이다. 다른 것에 마음이 흐트러져 있으면 책은 읽을 수 없다. 모든 집중력은 우뇌의 작용이다.

우뇌는 잡념을 제거하고 하나의 일에 초점을 맞춘다. 좌뇌는 모든 행동을 멈추고 우왕좌왕하거나 관계없는 일에 간섭한다. 무엇인가를 하기 전에 이것도 하고 싶고 저것도 하고 싶은 것이 좌뇌이다. 무슨 행동이든 하려고 마음먹으면 하면 되는 것이다.

좌뇌형은 많은 것을 하려고 생각하니까 어느 것도 못하는 것이다. 우뇌형의 사람은 한 가지 일 밖에 떠오르지 않는다. 때문에 하고 싶은 일에 집중할 수 있다.

~우뇌를 각성시키기 위하여~ 집중해서 정리하자.

1. 그리운 곡을 들으면 그 시절의 에너지가 솟아오른다.

어디선가 그리운 음악이 들려오면 기운이 난다. 실연했을 때 들었던 음악도 나쁘지 않다는 생각이 들 것이다. 오히려 전에 들었던 음악을 들으면 그때 힘내어 이겨냈던 에너지가 되살아난다.

사람은 10대에 들은 음악이 가장 오래 남는 것 같다. 10대 때 듣고 불렀던 노래를 노래방에서 부르면 그만큼 우뇌가 활성화해서 기분이 상승한다. 그리운 곡을 듣거나 부르면 우뇌가 힘을 받는 것이다. 새로운 곡을 부르지 않는 것은 새 곡이 쉽사리 외워지지 않기 때문만이 아니다.

신곡은 지금의 10대가 거의 소유하고 있다. 10대들은 노래를 시스템다이어리에 적어놓고 친구들과 공유를 한다. 지금 10대의 사람은 앞으로 10년 20년 지나면 그 곡으로 힘이 생긴다. 지금 유행하는 음악은 좋다, 나쁘다와 같은 논의는 뜻이 없는 것이다. 기운을 내려고 한다면 10대의 자신이 가장 힘들었던 시절에 듣던 곡을 들으면 된다.

다정다감했던 시절에 들은 곡을 들으면 사람은 기운이 생기는 것이다. 힘이 나는 곡은 업템포의 리듬이나 비트가 있는 것이 아니라 수없이 많은 음악이 있다.

~우뇌를 각성케 하기 위하여~ 그리운 음악을 듣자.

8. 시작하기 전부터 어렵다고 생각하지 말자.

어렵다는 말을 자주하는 사람은 좌뇌형이다. 좌뇌형은 어떤 일을 시작하기 전부터 어렵다고 말한다. 좌뇌형 사람에게 간단한 것은 하나도 없다.

시작하기 전에 어렵게 생각하지 않는 것이 좋다. 우뇌형의 사람은 재미있을 것 같다는 말을 하고 일을 시작한다. 긍정적인 사고는 일이 재미있다는 것을 안다. 물론 잘 안 되는 것도 생기지만 긍정적인 사고는 일을 하고 있는 동안에 도리어 어려운 것이 재미있다고 느낄 수 있게 된다. 일을 처음부터 어렵게 생각하면 포기하는 흐름으로 발전하기 쉬운 것이다.

어떤 운동을 처음 접하는 사람이 열심히 운동을 하고 있다. 옆에서 운동하고 있는 사람을 지켜보고 재미있는가를 물었다. 운동을 하는 사람은 뜻대로 안 되고 있는 것이 재미가 있다고 대답했다.

제대로 왜 안되는지 생각하면서 계속 운동을 하는 동안 자신은 그 운동에 적응하고 있는 것이다. 처음에는 잘 안될 것 같았는데 계속하면서 운동이 재미있다는 맛을 보게 된다. 간단할 것 같으니 재미있을 것 같다는 것은 있을 수 없다.

간단한 것은 재미가 없다. 누구나 할 수 있는 일을 계속하는 사람은 없다. 간단한 것은 깊이가 없다. 어렵기 때문에 깊이가 있는 것이다. 좌뇌가 어렵다는 것은 뭔지 모르고 어렵다는 뜻이다. 속 깊은 것을 모르고 단순히 틀림없이 어려울 것이라는 선입관을 갖고 있는 것이다. 속 깊은 것을 느껴야만 재미있는 것이다.

~우뇌를 각성시키기 위하여~ "간단한 것이다"라고 말해 보자.

~우뇌를 각성시키기 위하여~ "간단한 것이다"라고 말해 보자.

제 6 절

우뇌로 생각하는 사람의 인생은 풍요롭다

~뛰어나게 충실한 인생의 비결은 "우뇌"에 있다.

1. "재미있다"는 것보다 더 나은 보수는 없다.

최고의 보수는 돈이 아니라 즐겁다고 느끼는 것이다. 즐겁다고 느끼는 것이 우뇌다. 일에 있어서 즐거우면 돈 벌이가 안 되어도 손해 보는 것은 아니다.

영화관에 가면 관람료를 내야하고 식당에 가면 밥값을 내는 것처럼 일이 재미있으면 그 일의 재미있었던 분량의 요금을 내더라도 크게 후회할 일이 아니다.

좌뇌가 작용하는 것은 모두 돈 때문이다. 직장 리더의 할 일은 급여를 올려주고 일에 대한 분배를 균등하게 하는 것만이 있는 게 아니다. 부하 직원에게 일이 재미있다고 느끼게 하는 것을 가르쳐 주는 것도 리더가 할 일이다. 재미있는 것보다 더 좋은 보수는 없다.

책을 쓰면 인세가 들어오니 돈벌이가 된다는 사람이 있다. 책을 쓰는데 억지로 쓰는 것도 있고 작가 자신이 쓰고 싶은 글이 있다. 실은 돈을 지불하고서라도 쓰고 싶다고 하는 사람의 책일수록 잘 팔린다. 직업작가는 돈을 지불하고서라도 하고 싶은 것을 직업으로 해서 프로로 되어 있으니까 책을 써서 먹고 사는 것이다.

하지만 이 책으로 돈벌이를 해 보자는 사람의 책은 시시한 것이다. 직업작가가 아닌 사람이 책을 써서 왜 자기 책이 안 팔리는가 하고 불평하는 수가 있다. 이렇게 열심히 쓰는데 인세가 이렇게 적은 것은 이상하다고 화내는 사람은 사실은 책을 쓰는 것이 즐거운 것이 아닌 것이다.

돈 벌이하기 위하여 쓰고 있으니 쓰는 것이 고통이다. 고통의 대가를 찾아 쓰고 있는 사람의 책이 재미있을 리가 없다. 예를 들어 억지로 마사지 받는 일이 얼마나 싫은지 짐작할 것이다. 마사지를 받고 피로가 풀렸다는 고마움을 표현하는데도 차이가 있다. 좌뇌는 재미를 느낄 수 없다. 좌뇌는 항상 대가를 찾기 때문이다. 서비스를 하는 사람과 서비스를 받는 사람은 우뇌로 이어지지 않으면 재미를 공유할 수 없다. 좌뇌가 작용하면 이해관계로 이어지게 되는 것이다. 자신이 지불하는 분량의 서비스를 누리지 못했다고 생각해 버린다.

좌뇌와 우뇌의 차이는 좌뇌는 반드시 대가가 얼마라고 생각하고 우뇌는 얼마나 즐거운 시간을 보냈는가를 생각한다.

~우뇌를 각성시키기 위하여~ 돈보다 "재미"라는 보수를 손에 넣자.

2. 드레스를 사고 나서 다이어트 한다.

　어떤 일이나 행동을 일으키는 계기는 우뇌가 한다. 우뇌는 물건의 가격이나 양에 대하여 따지는 일이 없지만 좌뇌는 계산에 대하여 민감하다. 물건을 소유하는 것이 재미와 보람이 있을 것 같은 판단은 우뇌로 한다. 좌뇌에서는 동기를 찾으려고 해도 발견되지 않는다. 취직하려는 회사에 자신이 하고 싶은 일이 아니라 하기 싫어도 근무조건을 보는 것은 좌뇌이다.

　동기가 있으면 행동은 자동적으로 이어진다. 하고 싶은 욕구가 있으니 중단하는 것이 없으며 강제로 할 의욕이나 행동력은 나오지 않는다. 동기가 있으니까 할 의욕이 솟아 오르는 것이다. 좌뇌로 수집한 정보는 동기에 이어지지 못한다. 조건을 보기 때문에 어떤 이유를 대서라도 열심히 일을 하려고 생각지 않기 때문이다. 조건이 좋으면 일하는 것에 대해 요령이나 게으름 피우려고 한다.

　다이어트는 행동이지 동기는 아니다. 다이어트라는 하나의 프로젝트를 이룩하기 위해서는 동기가 중요하다. 동기를 부여하기 위해서는 지금 입을 수 없는 옷을 사는 일이다. 자신의 몸에 맞는 이상의 사이즈 옷을 사는 것이다. 그 옷을 입을 수 있을 때까지 다이어트 하는 것이 우뇌의 발상이다. 살이 빠지고 나서 옷을 사야한다는 발상은 좌뇌형의 사람이다. 그래서는 언제까지나 살이 빠지지 않고 다이어트는 성공하지 못한다.

　다이어트에 성공하는 사람은 결혼하기 위하여 웨딩드레스를 산 사람이다. 그 치수의 웨딩드레스를 입고 싶은 사람은 다이어트에 성공한다.

살이 빠지면 이 치수의 옷을 사려고 생각하는 사람은 다이어트를 하지 못한다. 좌뇌의 발상은 결과를 보고 결정을 하지만 우뇌의 발상은 결과를 향하여 과정을 즐기는 사람이다.

~우뇌를 눈 뜨게 하기 위하여~ 목적과 수단을 거꾸로 해 보자.

3. 동기가 우뇌를 각성하게 한다.

자신의 방을 정리 하는데 있어서 잘 못하는 사람은 연인을 만들면 된다. 그러면 정리가 될 수 있으며 그것이 최대의 동기가 된다. 남자가 있더라도 방을 정돈 못하는 여성은 남자를 방으로 초대하지 못한다. 방 정리가 잘 되어 있으면 초대 하겠다는 생각이 있다는 것이다.

남자를 초대할 마음이 생기면 정돈할 동기가 생긴다. 정돈 못하는 사람의 집중력이 계속 안 되는 것은 동기가 약하기 때문에 우뇌가 작용하지 않는 것이다. 뭔가를 하려고 할 때 중요한 것은 열심히 행동 하려고 하는 것이 아니라 동기를 어떻게 부여하느냐다.

좌뇌는 공부하라고 행동을 강요한다. 하지만 강요해도 사람은 움직이지 않는다. 공부하면 좋은 일이 있다고 하는 동기를 부여해 주면 책상에 앉게 된다. 어떤 목적을 정하고 동기를 부여해서 행동으로 옮기는 것이 우뇌형의 사람이다.

10대 남성의 동기는 대개 인기를 얻고 싶은 마음으로 가득하다. 인기를 얻기 위해서 운동을 하거나 노래를 잘 부르려고 노력을 한다. 공부를 잘하게 된 사람이 있는가 하면 스포츠에 뛰어난 사람도 있다. 어떤 것을 하면 인기를 얻는다는 동기 부여는 크고 그 때문에 많은 노력을 한다. 인간의 모든 동기는 우뇌와 좌뇌의 짜임이다. 일을 해서 좋은 결과를 보고 인기를 얻을 수 있다고 생각하면 힘이 생기는 것이다.

그런데 우리나라의 교육과 사회 훈련은 좌뇌만으로 움직이고 있다. 좌뇌로 강요해서 좌뇌로 공부하고 있다. 사실은 우뇌로 동기부여 된 것을 좌뇌로 엄호사격 하는 것이 최고인 것이다. 목적은 우뇌가 만들고 수단은 좌뇌로 생각한다. 좌뇌 속에서는 목적이 생기지 않는다. 이짜임 방식이 중요한 것이다.

~우뇌를 각성케 하기 위하여~ 연인을 방으로 부르자.

4. 좌뇌인은 콜렉션이 많은 것을 자랑한다.

좌뇌형 사람은 수집하는 과정을 즐기는 것이 아니라 수집한 양과 지불한 금액을 자랑한다. 비싼 것이 이렇게 많기 때문에 총액은 얼마라고 자랑한다. 또 좌뇌형 사람은 수집하고 싶은 물건을 통째로 사서 수집 한다.

이에 대하여 우뇌형 사람은 수집하는 과정을 즐긴다. 본래의 수집은 꾸준히 모으는 것이다. 이것은 어디서 사온 것이고, 이것은 손에 넣는 일이 대단히 힘이 많이 들었다 등 하나 하나 수집하는 과정이 즐거운 것이다. 수집을 하면서 진짜인줄 알았는데 가짜를 구입하거나 제값 보다 더 많은 금액을 지불하여 손해를 보기도 한다. 어렵게 구입했지만 수집하는 즐거움이 있는 것으로 만족하는 것이 우뇌형이다.

물건을 쉽게 수집한 것은 즐겁지 않다. 이것은 살아가는 이치와 비슷하다. 편안하게 손에 넣은 성공은 재미없다. 간단히 성공한 사람에게는 프로세스가 없다. 생각대로 안 되는 것이 프로세스다.

일이 손쉽게 진행되는 것은 프로세스라고 말하지 않는다. 좌뇌형의 사람은 성공한 사람으로부터 손쉽게 진행되는 방법을 들으려고 한다. 비슷한 것을 갖고 싶거나 쉽게 물건을 사려고 한다. 즐기는 방법을 모르는 것이다. 과정을 즐기는 것은 즐기는 방법을 묻는 것이 아니라 잘 되지 않는 방법을 묻는 것이다.

등산을 즐긴다면 어느 코스가 가장 힘든 곳인가를 묻는다. 프로세스 밖에 행복은 없다. 모든 결과에 행복은 없다. 아무리 대단한 수집품이라도 몽땅 누군가로부터 산 것은 아무런 추억도 없다. 좋아하는 것을 그렇게 하면 그것은 불행이다. 같은 패션 브랜드라도 20년 전에 팔린 아이템과 20년 후 지금의 아이템이 같다면 흥미가 있다. 하지만 금년의 코디네이터로 통일하는 것은 콜렉터에서 몽땅 사는 것과 같은 것이다.

~우뇌를 눈뜨게 하기 위하여~ 콜렉션의 프로세스를 즐기자.

5. 맛은 그보다 앞의 행동에서 결정된다.

맛은 맛보기 전의 행동에서 결정된다. 어느 맥주가 맛이 있는가는 각자의 기호이지만 가장 맛있는 것은 운동한 후 혹은 사우나 가서 땀을 흠뻑 흘린 뒤에 마시는 맥주이지 브랜드 이름이 아니다. 자신은 맛을 잘 알고 상대방은 맛에 까다롭다고 말하는 것은 하는 것은 좌뇌형 사람이다. 우뇌형 사람은 과정에서 맛을 결정한다. 즉, 땀을 많을 흘리는 운동을 하고 나서 마시는 맥주가 너무 좋다고 말하는 것이다.

그래서 우뇌로 느끼는 맛과 좌뇌로 느끼는 맛은 다른 것이다. 비싼 프렌치 레스토랑에서 값을 묻거나 맛을 묻는 것은 좌뇌로 맛보고 있는 것이다. 이정도 값을 지불했으니 틀림없이 맛이 있을 것이라고 하는 사람은 요리를 맛보고 있는 것이 아니다. 코스 몇 만원이라는 값을 맛보고 있는 것일 뿐이다.

우뇌형 사람은 프렌치 레스토랑에 갔을 때 함께 있으니 맛있다고 말한다. 분위기 좋은 레스토랑에서 싫은 사람과 억지로 먹고 있는 사람은 딱한 처지다. 우뇌형 사람에게는 특히 괴로운 일이다.

직장 상사와 부득이 어울려서 듣기 싫은 불평이나 자랑에 같이 장단을 치면서 음식을 먹으면 맛이 없다. 맛은 기억에 남는 것이다. 모처럼 맛있는 음식이라도 싫은 상사와 더불어 기억에 남으면 씁쓸해 진다. 그 장소마저 즐겁지 않은 기억으로 남기 쉽다. 상대가 밥을 산다는 말에 좌뇌가 작용해서 그냥 따라 간 것뿐이다.

맛있다는 것은 좌뇌와 우뇌 모두 느낀다. 어느 쪽이든 한편에서만 느끼는 것은 아니다. 우뇌의 판단기준은 즐거운 것이 기준이고 좌뇌의 판단기준은 값이 기준이다. 같은 골동품을 사는 것도 가격을 묻고 사는 것과 상품이 좋다는 느낌을 받고 사는 것은 기준과 같은 것이다. 따라서 상품을 사고 난 뒤의 즐기는 방법이 다르다.

데이트를 했을 때 상대방의 조건을 따지는 것은 좌뇌형의 사람이다. 옷차림을 보고 생김새를 보고 데이트 장소에 대한 조건을 본다. 우뇌형은 옷차림이나 데이트 장소에 신경을 쓰는 것이 아니라 그 사람의 말과 행동을 보고 데이트를 즐기려고 한다.

～우뇌를 각성케 하기 위하여～ 한 걸음 앞 행동을 즐기자.

6. 남성도 쓰레기를 치워보면 우뇌가 각성한다.

우뇌를 활성화하기 위하여서는 부끄러운 일을 해보는 것이다. 부끄러워하는 것은 좌뇌이고 우뇌는 부끄러워하지 않고 재미있어 한다. 좌뇌는 자존심, 보람, 모험, 체면 등에 구속 받는다.

자존심 때문에 못하는 일이 많이 있다. 자신이 집안의 가장이므로 쓰레기 같은 것을 치울 수 없다는 남성이 있다. 쓰레기 같은 것을 치우게 되면 갑자기 부인에게 억눌려서 사는 초라해진 남성으로 느끼기 때문에 자존심이 상한다.

하지만 쓰레기를 치우는 행위도 해보면 즐겁다. 쓰레기장에서 여러 사람들과 만나게 되고 커뮤니케이션이 있다는 것도 알게 된다. 남성이 쓰레기 치우는 일에 반항을 느끼는 것은 한 집안의 가장이 왜 쓰레기를 치우는 잡일을 해야 하느냐 하는 마음을 갖고 있기 때문이다.

회사에서도 부하직원이 하던 것을 상사 스스로 복사도 하고 전화도 받아보면 되는 것이다. 그러면 우뇌가 활성화 한다. 하찮은 일을 부하 직원에게 시키는 것을 자신이 직접 하면 보람도 있고 부하 직원에게 신뢰도 받는다. 일이 즐겁다는 것은 우뇌가 활발히 움직이고 있는 증거다. 부하직원이기 때문에 복사하기, 전화 받기 등을 해야 한다는 강박관념을 파괴하는 것도 우뇌의 작용이다. 기존 순서에 얽매여 있으면 새로운 발견이나 만남은 생기지 않는다.

~우뇌를 눈 뜨게 하기 위하여~ 자존심을 갖고 안 되는 일도 해 보자.

7. 심심하다는 생각은 평화로운 상태에 있는 것이다.

심심하다고 말하는 것은 좌뇌형의 사람이다. 심심하다는 것은 좌뇌의 판단이기 때문이다. 한편 나쁜 상태에 빠지는 것은 우뇌의 판단이다. 심심하다고 말하는 사람은 나쁜 상태에 빠지지 않는다.

나쁜 상태에 빠져 있으면 심심하다고 느끼는 여유가 없기 때문이다. 볼링을 하는 사람이 스코어가 잘나오다가 좋지 않은 결과를 반복하는 것은 근심과 기쁨이 번갈아 빠져 있기 때문이다. 볼링을 혼자 치고 있어도 심심하다고 느끼지 못하는 것은 심심하다고 느낄 여유가 없기 때문이다.

심심하다고 느끼는 사람은 나쁜 상태에 빠져 있는 사람보다 매우 평화로운 상황이다. 심심하다고 느끼는 것은 평화로울 때 느낀다.

사람은 무언가 도전 하고 있을 때 심심하다고 느끼는 일은 없다. 도전은 우뇌가 하고 있다. 무언가에 실패해서 좌절하고 필사적일 때도 심심한 일은 없다. 타이타닉처럼 배와 함께 침몰해 가는 사람은 심심하다고 느끼지 못한다. 호화객선에 혼자 있으면 심심하다고 느끼는 것이다.

~우뇌를 눈 뜨게 하기 위하여~ 심심하다고 느낄 때는 실패해서 나쁜 상태에 빠지자.

8. 즐거운 일을 남에게서 찾지 않고 남에게 억지로 시키지 않는다.

즐거운 일은 우뇌가 스스로 만들어 낼 수 있다. 좌뇌형의 사람은 재미있는 일을 만들지 못하고 대신 남에게 재미있는 일이 없냐고 자주 묻는다. 남에게서 들은 재미있는 일은 해봐도 재미없다. 자신이 찾아야 재미있는 것이다. 남이 재미있다고 생각하는 것이 자기에게도 재미있다고는 할 수 없다. 남이 재미없다고 하는 것도 재미있는 것이 있다. 남이 어떤 것이 재미있는지를 되묻는 것이 가장 재미있는 것이다. 재미있는 것은 남에게서 찾는다거나 남에게 억지로 시키는 것이 아니다. 아이들의 우뇌를 단련시키기 위하여 중요한 것은 억지로 시키지 않는 것이다. 아이들은 재미있는 것은 자기 나름대로 찾아낸다. 우뇌는 아이들과 같은 것이다.

자신이 우뇌를 믿는 것이다. 믿음으로서 우뇌는 재미있는 것을 자기 나름대로 발견하는 것이다. 우뇌는 재미있는 것을 억지로 시켜도 받아들이지 않는다. 좌뇌는 억지로 시키는 것을 좋아 한다. 좋은 것이라고 머리 속에서 명령하는 것이다. 그런 명령은 버리는 것이 현명하지만 좌뇌는 하지 않는다. 또한 좌뇌는 쓸데없이 참견하고 다른 것을 찾고 있으면서도 자신에게 억지로 시킨다.

우뇌는 찾지도 않고 강요하지도 않는다. 그 일이 좋아서 하고 있는 사람은 남에게 억지로 시키지 않고 좋다고 말하지 않는다. 하고 싶으면 언제든지 하라고 하는 것이 우뇌이다. 재미있는 것을 벌써 갖고 있기 때문에 남에게 재미있냐고 묻지 않는 것이다. 재미있는 일을 찾는 것 보다 일을 재미있게 하면 우뇌가 발달 된다

~우뇌를 눈 뜨게 하기 위하여~ "무슨 재미있는 일 없어?"라고 남에게 묻지 않는다.

9. 좌뇌인은 기술을 칭찬하고 기술로 이어진다.

우뇌인은 인간을 칭찬하고 인간으로 이어진다.

좌뇌는 사물의 발상이고 우뇌는 마음의 발상이다. 좌뇌는 사람과 접촉할 때 이 사람과 같이 있으면 이익이 있다고 생각하고 접촉한다. 하지만 이것으로는 기술제휴다. 사람과 사람과의 연결, 즉 네트워크에는 좌뇌형과 우뇌형의 두 종류가 있다. 좌뇌형 제휴는 기술과 테크놀로지의 연결이다. 우뇌형 제휴는 인간과 인간의 마음의 연결, 즉 친구 접촉이다.

좌뇌형의 네트워크는 이해관계로 이어져 있는 것이다. 어느 한쪽이 양보하거나 손해를 보는 관계가 아니라 조건을 따지고 맞아야 네트워크가 형성된다. 이렇게 만들어진 네트워크는 인간적인 것은 없고 오로지 사업적인 관계만 있다. 새로운 것은 생길 수 없고 넓혀지는 것도 한계가 있다. 우뇌형의 네트워크는 사람과 사람의 관계가 우선으로 생각하기 때문에 의외의 것을 생산하기도 한다. 큰 기술혁신을 만들어 낼 수도 있고 시대를 바꿀 수 있는 힘도 생겨 나는 것이다.

돈 벌이가 되는 일을 같이 하자고 권하는 방법은 일의 연결이다. 일로 연결하기 때문에 잘 되지 않으면 헤어지기 쉽다. 이에 반하여 먼저 사이가 좋아지고 그리고 나서 같이 해보자는 관계는 우뇌형의 연결이다. 서로 만남의 자리에서 잡담을 주고받다가 어떤 일에 공감을 하면 함께 일을 할 수 있도록 결정된다.

책을 만드는 작업도 기획만 재미있으면 책은 만들지 못한다. 원고만 갖고 오면 책으로 만들어 준다는 관계도 좋지 않다. 그보다도 책을 쓴 작가도 재미있고 편집자도 재미있으면 출판하자고 약속한다.

무엇을 할까 망설이는 사이에 이야기는 옆으로 벗어난다. 잡담하는 동안 떠오르는 생각이 있어 공감을 하면 재미있는 책이 된다. 세상을 뒤바꾸는 이노베이션, 히트 상품 등은 잡담에서 생기는 것이다. 그냥 모르는 사람과의 잡담처럼 시시한 것은 없다. 인간과 인간의 연결이 있고 비로소 그 잡담에서 새로운 것이 생기는 것이다. 단순한 잡담은 헛된 시간이다.

마음이 통하지 않은 사람끼리 지나가는 말로 비가 오는 물음 같은 것을 하면 아무 일도 생기지 않는다. 그냥 헛된 시간이다. 아이디어란 실은 극히 말로 하기 어려운 것이다. 서로에게 있어 이익만을 생각하기 때문에 공감을 할 수 없는 것이다. 서로 통하는 관계가 변하면 어떤 일을 제안하더라고 긍정적인 자세로 검토하게 되고 같이 일을 할 수 있는 동기도 된다. 한 줄의 기획서는 아무 생각 없이 거기 모여 있는 인간이 이런 것을 해 보자라고 하는 의지가 되는 일종의 암호인 것이다.

욕을 하고 있으면 좌뇌형의 사람이 되어 버린다. 조심해야지 하는 마음이 되면 그것만으로도 서로 통하는 것이 있다. 겸손한 마음과 상대방을 이해하려는 것은 우뇌로 연결된 것이다. 모두가 마음에 그리는 것과 다른 것을 머리 속에서 떠올려 겸손과 이해심이 나온다.

출판을 하면서 얼마나 팔리고 돈 벌이가 될 것이라는 생각은 아무런 작용을 하지 않는다. 서로의 믿음은 우뇌를 각성시키고 즐겁게 일을 할 수 있다.

~우뇌를 각성시키기 위하여~ "암호"로 타자.

제 7 절

뇌의 에너지 원천은 식사에 있다

1. 식은 뇌를 따뜻하게 한다.

아침식사는 매일 규칙적으로 먹어야 한다. 식사는 뇌에 영양을 보급하는 중요한 역할이 있다. 특히 아침식사는 한 가지 더 중요한 역할이 있는데 그것은 뇌의 온도를 올려주는 것이다.

아침에 일어났을 때는 몸이 식어 있다는 것을 느끼는 사람도 있다. 실제로 잠을 깬 아침 신체는 하루 중에서 체온이 가장 낮은 때이다.

뇌의 온도는 체온과 거의 같지만 뇌의 온도는 아침에 일어났을 때가 가장 낮은 것으로 밝혀졌다. 여기에서 먼저 식은 뇌를 따뜻하게 해 주는 것에서 하루를 시작하자. 식사를 하면 체온이 대개 0.5도쯤 상승한다. 뇌의 온도도 상승하니까 아침 식사를 하는 것은 마치 뇌의 워밍업이라 할 수도 있다.

이불을 걷어차고 나와서 활동하게 되면 자연히 체온도 상승하지만 이 체온 상승을 식사로 도움을 주면 몸도 뇌도 빠르게 워밍업 된 상태로 되는 것이다. 그 날 하루의 행복감을 나타나게 해 주는 뇌를 따뜻하게 해주기 위해서는 정확히 아침식사를 먹는 것으로 하루를 시작하는 편이 좋다.

2. 아침식사를 하는 사람이 시험에도 강하다

아침식사를 한 경우와 하지 않은 경우에는 뇌의 활동에 차이가 생긴다. 실험결과 아침식사를 한 학생과 하지 않은 학생의 시험성적을 연구한 결과 아침식사를 한 학생 쪽의 시험 성적이 좋았다고 한다.

포리트 박사는 같은 수준의 IQ를 갖고 있는 학생에 대하여 아침식사를 한 학생과 하지 않은 학생으로 나누어서 비슷한 도형을 맞추기 게임을 한 결과 아침식사를 한 학생이 하지 않은 학생들보다 실수가 낮았다고 한다.

아침식사를 빵과 우유로 간단하게 먹는 학생도 많다고 한다. 이는 뇌 에너지를 공급하는데 좋지 않다. 아침식사를 제대로 해야 하는 이유는 전날 먹은 식사 이후부터 아침식사 때까지 공복의 상태로 있었기 때문에 잘 먹어야 하는 것이다. 뇌에 영양이 부족한 상태가 자주 발생하면 몸을 잘 움직일 수 없다. 특히 시험 준비를 하는 수험생에게 있어서 뇌 영양이 부족하면 공부가 뇌에 들어오는 것이 적다.

그리고 아침식사는 뇌 에너지의 근원으로 쓰이는 당분이 좋다. 당분은 탄수화물이 분해되어 만들어 진다. 밥이나 빵 콘플레이크 등 주식의 주된 성분은 탄수화물이다. 때문에 아침을 먹는 편이 좋다.

3. 중년 이상이 된 사람들의 식사

아침식사와 점심에 관한 흥미 있는 데이터가 있다. 탄수화물과 고단백질 중 어느 것을 섭취하는 편이 부주의로 인한 실수가 많이 나올 수 있는지에 대한 데이터였다.

이 데이터 의하면 40세 이하의 사람은 아침식사, 점심 모두 고탄수화물 식사를 하든, 고단백질 식사를 하든 실수는 큰 차이가 없었다. 그러나 40세 이상의 사람은 점심식사에 고탄수화물 식사를 하는 사람 쪽이 고단백질 식사를 하는 사람들보다 명확히 실수가 증가 한 것이다.

단백질은 육류 등에 많이 포함되어 있고, 탄수화물은 밥이나 빵, 라면, 국수, 냉면 등에 많이 포함되어 있다. 40세 이상 된 사람은 오후 뇌의 활동을 저하되지 않게 하기 위해서는 점심에 라면, 냉면, 국수 같은 것을 먹는 것보다 단백질이 포함된 육류를 취하는 편이 좋다.

물론 라면이나 국수 속에도 단백질이 포함되어 있지만 그것만으로는 부족하다. 국수나 라면, 냉면을 먹을 때에는 그 위에 계란, 튀김을 첨가해서 먹으면 단백질도 동시에 섭취할 수 있다. 점심식사도 연구해서 먹는 것이 뇌의 활성화를 위한 한 가지 방법이다.

단 과식해 버리면 뇌보다 위에서 혈액을 많이 필요로 해 버리는 부작용을 가지고 올수 있다.

점심 식사 후 졸음이 오는 것은 위쪽에 혈액이 많이 흘러가서 뇌에 가야 할 혈액이 감소했기 때문이다. 너무 과식하면 뇌 활동을 약화시키게 되니 과식에 절대적으로 조심할 필요가 있다.

어쨌든 뇌가 정상적으로 활동해 줌으로서 행복감을 낳게 하기 위해서는 균형 있는 영양을 공급해 주는 것이 무엇보다 중요하다.

~아침에 식은 뇌를 따뜻하게 함은 우뇌 활동을 촉진시키는 것이다.

4. 뇌는 공복감과 포만감을 판단 한다.

우리가 배고프다는 말을 흔히 사용하고 있지만 사실은 공복감이라는 것은 배속이 비어있어서 생기는 것이 아니다. 배고픈 느낌은 혈액 속의 당분 농도가 내려갔을 때 뇌가 그것을 판단해서 공복감을 발생시키고 있는 것이다. 다시 말하면 공복감이란 것은 뇌가 당분을 필요로 하고 있는 상태라고 할 수 있다. 그 같은 욕구를 충족시켜주는 것이 바로 식사다.

식사를 하면 혈액 속의 당분 농도가 올라간다. 그러나 유감스럽게도 그것만으로는 뇌는 기뻐하지 않는다. 혈액에 영양을 채워도 그 혈액이 뇌로 흘러가지 않으면 아무런 뜻이 없는 것이다.

여기에서 식사 시에는 가급적 많은 혈액을 뇌로 공급할 수 있게 연구가 필요하다. 하나는 과식을 금지하는 것이다. 앞에서도 언급했지만 과식하면 위의 활동을 활발하게 해 주기 위하여 뇌보다 위에서 혈액을 많이 사용해 버리게 된다. 위의 부담을 줄이기 위해서는 식사 시에 과식하지 않는 습관을 꼭 키워야 한다.

그렇게 하기 위해서는 시간을 소비하더라도 천천히 식사하는 것이다. 보통 식사를 하면 곧바로 만족감을 느끼지 않지만 식사를 하고 포만감이 생길 때까지는 약간의 시간이 소요된다. 식사를 하고 위에서 음식물이 소화되면 영양분이 흡수된다. 이때 혈액 속에서 당분이 증가하여 비로소 더 이상 먹고 싶지 않는 포만감이 생기는 것이다.

식사하고 나서 포만감을 얻기까지는 시간이 있다는 것을 잊지 말아야한다. 급히 식사를 하게 되면 포만감이 생기기 전에 계속 먹기 때문에 과식하는 결과가 발생한다. 과식을 막기 위해서는 천천히 시간을 투자해 식사를 조절 필요가 있다. 그렇게 하면 어느 정도 먹은 시점에서 포만감이 생겨서 더 이상 먹지 않게 된다. 이렇게 해서 위의 부담을 가볍게 하는 것이 뇌로 가는 혈류를 좋게 할 수 있다.

5. 위 부담을 가볍게 하는 방법

위의 부담을 가볍게 하는 방법에 있어서 다른 한 가지는 잘 씹어서 먹는 것이다. 잘 씹어서 먹으면 음식물이 잘게 분해되기 때문에 위의 부담이 줄어들게 된다.

반대로 씹지 않고 급하게 먹으면 위에게 많은 부담을 주게 된다. 위의 활동을 가볍게 하려면 잘 씹어 먹어야 한다. 음식은 입 안에 들어가면 삼키기 적당한 크기로 씹혀 침 속의 전분 분해 효소와 섞이고, 음식을 잘게 씹으면 씹을수록 위와 장에서 소화액이 기능하는 면적이 넓어져 소화가 쉬워진다. 씹는다는 것은 소화 과정 중에서 유일하게 본인이 의식할 수 있는 행위로 입에서 음식을 씹으면 그 자극이 위나 장으로 전달돼 소화 준비를 시작 한다.

밥이 잘 넘어가지 않으면 물이나 국에 밥을 말아 먹는 경우가 종종 있다. 하지만 소화의 첫 단계는 입 안에서 침과 음식물이 섞이면서 하는 치아의 저작 작용이다.

물이나 국에 밥을 말아 먹으면 빠르게 식도를 넘어가기는 하나 저작 작용이 생략돼 소화에 장애를 주고, 위 속에 있는 소화액이 물에 희석돼 두 번째 단계인 위에서의 소화 능력도 방해받게 된다. 충분한 소화를 돕는데 중요한 것은 치아의 저작 작용이다. 물에 밥을 말아 먹으면 일시적으로는 밥이 잘 넘어가는 것처럼 느껴지나 실상은 소화를 방해하는 요인으로 작용한다.

위의 부담을 줄여 준다면 위장의 활동에 필요한 혈액량은 줄고 그 몫이 뇌로 많은 에너지를 보낼 수 있다. 뇌가 활발하게 움직이게 하기 위해서는 천천히 시간을 투자해서 잘 씹어 먹는 생활습관이 중요하다.

또한 식사는 포만감을 느끼기 전 80% 정도에서 멈추는 것이 위에 부담을 주지 않고 뇌 활동에도 도움이 된다.

~뇌로 영양을 많이 보내기 위해서는 뇌의 부담을 가볍게 줄이자.

6. 체력과 머리 피로를 회복하는 아미노산

우리는 피로했을 때 아미노산이 추가된 음료를 자주 마신다. 아미노산의 효과를 알고 있는 우리들은 플라세보 효과인지 모르지만, 몸에 잘 듣는 생각을 하게 된다. 플라세보 효과는 환자가 아프다고 호소하고 약 처방을 원하지만 환자에게는 아무런 이상이 없을 때 의사가 효과가 전혀 없는 가짜 약을 처방하면서 환자에게 나을 수 있다는 선의 거짓말을 하는 것이다. 체질에도 관련이 있고 누구에게나 듣는 것은 아니다. 아미노산이 들어 있는 음료를 마시면 피로했을 때 체력이 회복되고 피로도 회복된 것 같은 느낌이 드는 사람이 있다.

우리들의 몸은 수만 종류의 단백질로 구성이 되어 있다. 이들 단백질은 모두 20종류로 구성된 아미노산으로 만들어져 있다. 아미노산은 몸의 단백질을 구성하고 있는 최소단위라 할 수 있다.

20종류의 아미노산에는 각각의 역할이 있고 어느 것이나 몸에 중요한 역할을 수행하고 있다. 물론 뇌에도 좋은 영향을 미치고 있다. 이들 중 알기린은 혈관을 확장시키는 작용을 한다.

알기닌을 체내로 받아드리면 혈관이 조금 넓혀져 혈액의 흐름이 쉬워진다. 발기장애 치료제인 비아그라도 혈관을 넓히는 작용을 한다. 이는 알기닌과 비슷한 역할을 우리 몸에서 수행하는 것이다.

로이신, 이소로이신, 발린의 세 가지 분말 아미노산은 근육의 주성분인 단백질을 늘리는 역할을 갖고 있고 근육운동에 없어서는 안 될 아미노산이다. 이들 각종 아미노산 서플리먼트를 애용하는 사람도 적지 않다고 듣고 있으나 그것은 아미노산이 혈액의 흐름을 좋게 해주고 운동 후에 근육의 수복이나 발달을 촉진시켜주기 때문일 것이다.

최근의 연구된 자료에 의하면 뇌에도 근육이 있다는 것으로 발표되었다. 두뇌와 근육은 이미지로서는 의외일지는 모르지만 뇌의 모세혈관 주위에도 혈관의 수축을 돕는 근육이 있는 것을 알게 된 것이다. 근육이 혈관을 움직임으로서 혈액이 잘 흐르게 되어 있는 것이다.

뇌의 근육이 활발히 움직이면 그 만큼 혈류를 늘릴 수가 있고 많은 당분이나 산소를 뇌 속으로 보낼 수 있는 것이다. 그 같은 뜻에서는 뇌의 근육은 뇌의 발달이나 활동에 큰 영향을 주는 것이다.

대체로 뇌라는 것은 에너지를 많이 소비하는 기관의 하나이다. 무게는 몸 전체의 2~3% 밖에 차지하고 있지 않지만 뇌로 보내지는 혈액량은 전체의 15%, 소비되는 에너지는 몸 전체의 20%라고 한다.

에너지를 많이 사용하는 활동은 신체 운동에 가까운 것이다. 따라서 스포츠에도 도움이 되는 것과 같은 성분의 아미노산을 몸에 흡수하면 뇌의 활동이 좋아지고 피로회복이 촉진될 가능성이 있다.

앞으로 연구가 더 진행되어서 알기닌에 의하여 뇌의 모세혈관이 조금 넓혀져 로이신, 이소로이신, 발린에 의하여 뇌의 모세혈관이 주위 근육의 활동이 활성화된다면 뇌의 활동은 좋아질 것이다.

7. 아미노산을 효율적으로 취하는 방법

아미노산은 머리카락과 피부, 근육, 호르몬, 항체 등 우리의 몸을 구성하는 단백질의 근원이 되는 물질이다. 식사할 때 단백질은 위나 소장에서 소화를 시키고 약 20종의 아미노산으로 분해된다. 분해된 아미노산이 없으면 신체의 건강을 유지될 수 없다.

아미노산을 충분히 섭취하기 위해 다양한 음식을 섭취하는 것이 좋다.

아미노산 중에 알기닌만 들어 있는 음료를 마셨을 때는 뇌가 그다지 맑은 느낌은 없을 것이다. 알기닌과 함께 로이신, 이소로이신, 발린이 들어 있는 것을 마셨을 때 머리가 맑고 상쾌해 진다. 이것은 뇌 혈관을 넓혀 주고 동시에 혈관 주위의 근육 활동을 상승시켜 주기 때문에 뇌에 필요한 것이다.

아미노산을 효율적으로 흡수 하려고 할 때는 분말의 아미노산 서플리먼트 쪽이 좋다고 생각한다. 약국에 있는 영양드링크에도 아미노산 일종인 타우린과 비타민이 풍부하게 포함되어 있어 피로회복에 도움이 된다. 하지만 칼로리가 높기 때문에 과음하면 비만이 되어버린다. 건강드링크는

100ml당 60~80kcal 정도이다.

그것에 비하여 분말 아미노산은 칼로리가 억제 되어 있고 아미노산의 양이 많기 때문에 물이나 차 같은 것으로 같이 분말 아미노산을 마시는 편이 좋을 것이다. 음식에서 아미노산을 취하는 경우와 달리 마시고 난 후 곧 체내에 흡수되기 때문에 비교적 단시간에 아미노산 농도를 높일 수가 있는 것이다.

~우뇌 활력을 돕는 아미노산을 많이 섭취하자~

8. 콜레스테롤은 뇌에 좋다

아미노산 음료를 마시면 곧 아미노산은 몸에 흡수된다. 그러나 가장 좋은 것은 일상생활의 식사에서 균형 있게 아미노산을 섭취하는 먹는 습관을 기르는 것이다. 음식물에 포함된 단백질이 분해되면 모두 아미노산이 된다. 때문에 단백질이 풍부한 음식물을 먹으면 아미노산을 체내로 섭취할 수 있는 것이다.

단백질이 풍부한 식품의 대표적인 것이 육류이다. 생선에도 단백질이 포함되어 있지만 육류 쪽이 단백질을 섭취하기 쉽다. 회는 200g 먹으려고 하면 상당한 량을 먹어야 하지만 육류는 200g 정도면 간단히 먹을 수 있다. 육류는 콜레스테롤이 높아진다는 점에서 나쁜 것으로 보는 측면도 있다. 하지만 육류를 먹는 것은 인간의 몸이나 뇌에 있어서도 매우 중요한 것이다. 육류 속에는 아미노산 외도 아라키딕산이라는 필수 지방산이 풍부하게 포함되어 있다.

뇌의 뉴론의 시냅스에는 아라키딕산과 DHA가 많이 포함되어 있지만 아라키딕산을 도와주지 않으면 정보를 전달하는 유연성이 낮아진다. 나이를 먹을수록 아라키딕산은 많이 감소한다. 때문에 나이가 많으면 아라키딕산을 보충해야 한다. 다시 말하면 나이 들수록 고기를 많이 먹어야 한다는 것이다.

젊은 사람이라도 뇌를 많이 사용하는 사람은 아라키딕산이 줄게 됨으로 아라키딕산을 보충해야 할 필요가 있다. 고기를 먹어서 아라키딕산을 뇌에 보급해 주면 학습이나 기억, 사고 등의 능력이 높아진다. 더구나 아라키딕산은 육류외에도 생선, 계란, 우유 등에도 포함되어있다.

9. 뇌혈관과 몸 혈관의 차이

뇌과학에서 혈액뇌관문이라는 전문용어가 있다. 뇌의 혈관에는 막이 있는데 혈관 내 물질이 뇌 속으로 간단히 들어가지 못하도록 구조가 되어 있는 것이다. 뇌혈관과 몸 속의 보통 혈관과는 약간의 차이가 있다.

혈관을 원통형으로 둥글게 잘라보면 보통 혈관의 외벽은 다소의 빈틈이 있다. 뇌혈관의 막은 빈틈이 없고 막혀 있는 것이다. 이것은 혈관 외벽의 빈틈에서 유해 물질이 뇌 속으로 들어가지 못하게 하는 것으로 생각된다.

뇌혈관뿐만 아니라 혈관막은 모두 지방분으로 되어 있기 때문에 혈액 속의 수용성 성분은 막의 지질이중막으로 되돌아오게 되어 막을 통과하지 못한다.

뇌외의 혈관은 다소의 빈틈이 있기 때문에 수용성 성분이라도 어느 정도 흡수될 수 있지만 빈틈이 없는 뇌혈관의 경우에는 수용성 성분이 혈관 밖으로 나가기 어려운 것이다. 주로 지용성 성분만이 막을 통과할 수 있는 것이다.

단백질인 아미노산은 수용성이기 때문에 뇌 속으로는 직접 들어가기 어려운 성분이다. 아미노산을 섭취하면 뇌 활동이 활발해지는 것은 뇌 속에 아미노산 성분이 직접 들어가서가 아니고 뇌의 모세혈관의 작용이 활발해져 산소나 당분 등의 영양을 뇌 속으로 많이 보낼 수 있는 것이다.

이에 대하여 지용성 성분은 혈관 속에서 뇌 안으로 들어가기 쉽고 뇌에 작용하기 쉬운 성분이다. 아라키딕산이나 DHA는 지용성이기 때문에 뇌에 들어가기 쉬운 것이다.

어쨌든 단백질이나 아라키딕산이 풍부한 육류는 뇌에는 권장할 만한 식품이다. 아미노산을 흡수함으로서 뇌의 혈액순환을 좋게 하고 아라키든산이 뉴론의 전달물질의 흐름을 좋게 해준다. 콜레스테롤에 신경 쓰는 것도 중요하지만 뇌 활동을 높여 주는 고기도 정확히 먹는 편이 좋다.

~우뇌 발달 촉진제로 고기는 귀중한 식품 중 하나다.

10. 술은 뇌를 이완시킨다.

술을 마시면 인격이 바뀌는 사람이 있다. 그것은 에타놀이라는 알콜 성분이 뇌 속의 여러 부분에 직접 작용하기 때문이다. 에타놀은 신경흥분을 누르는 작용을 갖는 신경전달물질(GABA 수용체)에 작용을 한다.

피 속에 용해된 에타놀이 뇌에 직접 침투하여 신경전달 물질의 흐름을 촉진한다거나 약하게 하기 때문에 사람이 보통 때의 모습과 바뀌어 지는 것이다. 술을 조금 마시면 말이 많아지는 사람도 있는데 이것은 뇌의 신경전달이 활발해졌기 때문이다.

술에는 일정한 이완 효과도 있다. 뇌 안에는 GABA(r-아미노산)라는 신경흥분을 억제하는 물질이 있는데 알콜은 이 GABA 수용체에도 작용하여 GABA의 활동을 도움으로서 신경흥분을 눌려준다.

술 마시는 분들에게 기쁨 같은 말 같지만 뇌를 활성화시키기 위해서도 이완하기 위해서도 적당한 알콜은 도움이 되는 것이 확실한 사실이다. 아이디어에 막혀있을 때나 스트레스가 쌓였을 때 뇌 상태를 조금 변화시키기 위하여 적당한 알콜을 마시는 것이 유효한 것이다.

그러나 본래 술 속의 알콜 성분인 에타놀은 인간의 몸에 있어서는 좋은 성분이라고는 말 할 수 없다. 위스키의 경우 에타놀이 40% 정도이다.

동물실험에서 40%의 농도인 에타놀을 동물 위 속에 직접 주입하고 카메라로 관찰했다. 주입한 순간에 위가 빨갛게 문드러져 가는 현상을 발견

할 수 있었다 한다.

그런데 40%의 에타놀이 포함된 위스키를 품어 넣어도 위는 상하지 않았다. 그것은 위스키 속에는 에라그산이라는 항산물질이 포함되어 있기 때문이다. 에라그산은 위스키와 함께 있는 항산화물질에 포함되어 있기 때문에 그것이 위의 점막을 보호해 주고 있다.

위스키만이 아니고 많은 주류가 그렇듯이 오래전부터 마셔온 술 속에는 모두 그 같은 보호성분이 들어 있다. 순수한 에타놀을 직접 마시는 것은 몸에 나쁘지만 시판되는 알콜 음료를 마셔도 몸에는 해가 미치지 않는다. 물론 체질과 술의 양에 따라서 다르다.

이들 술 중에서 붉은 와인에는 많은 항산화물질이 포함되어 있고 과학적으로도 몸에 좋다고 되어 있다.

11. 몸을 지키는 항산화물질

폴리페놀은 우리 몸에 있는 활성산소를 해가 없는 물질로 바꿔주는 항산화물질이다. 산화를 방지하는 항산화 기능을 갖고 있는 것이다. 폴리페놀은 5,000종류 가량 있는데 녹차의 떫은 맛 성분인 카테킨, 소나무 껍질에 포함된 플라반제놀, 위스키에 포함된 에라그산, 포도와 검은 콩, 딸기, 가지 등의 붉은 색이나 자색의 안토시아닌, 적포도주에 있는 레스베라트롤 등이 그 대표적이다.

폴리페놀은 식물 속에 많이 포함되어 있는 것은 광합성과 크게 관계하고 있기 때문이다. 식물은 모두 태양빛을 이용해서 이산화탄소를 에너지로 바꿔 산소를 방출하는 광합성을 하고 있지만 부산물로서 활성산소도 많이 만들어 낸다.

식물은 그 활성산소에서 자신의 몸을 지키기 위하여 황산화 물질을 몸속에 갖고 있는 것이다. 특히 붉은 와인을 만드는 포도에는 강한 항산화작용을 하는 안토시아닌이라고 하는 성분이 포함되어 있다. 녹차 성분으로 유명한 카테킨도 항산화물질이지만 그 카테킨이 몇 개로 이어져서 보다 강한 항산화작용을 하는 것이 안토시아닌이다.

포도 전체에서 씨앗부분에 50~70%, 껍질 속에 25~50%, 과즙 등에 5% 포함되어 있다. 화이트 와인은 껍질이나 씨앗을 제외해서 발효시키지만 레드 와인은 껍질과 씨앗도 같이 발효시키기 때문에 레드와인 쪽이 화이트 와인에 비하여 항산화물질이 보다 많이 포함되어 있다.

12. 혈액을 졸졸 흐르게 하는 폴리페놀

우리들 인간의 혈관은 사용하면 할수록 산화해서 점점 부서지기 쉬워진다는 것은 이미 알려진 사실이다.

철로 된 대문이 시간이 흐를수록 녹이 쓴다는 이미지를 생각하면 된다. 혈관이 녹 쓸지 않게 혈관의 산화를 막는 것은 건강을 지키기 위해서도 대단히 중요하다.

우리들의 혈관이 녹 쓰는 것에서 지켜 주는 것이 바로 항산화물질인 각종 폴리페놀인 것이다. 산화물질은 혈액에도 중대한 변화를 갖고 오는 것이다.

혈액 속에는 산화물질이 증가하면 백혈구의 점착도가 높아지고 적혈구 모양이 변화하고 혈소판이 응집해지기 쉬워진다. 즉 혈액이 질척한 상태로 된다. 혈액이 질척하면 혈관이 막히기 쉬워져서 심근경색이나 뇌경색을 일으키기 때문에 혈액을 잘 흐르게 해주는 것이 대단히 중요하다. 폴리페놀에는 혈액을 잘 흐르게 하는 효과가 있다.

레드와인을 많이 마시고 있는 프랑스인은 콜레스테롤이 높은 식사를 하고 있는데 비하여 심근경색을 일으키는 사람이 적다. 이는 레드와인에 포함된 항산화물질인 폴리페놀이 혈관을 강화하고 혈액을 잘 흐르게 해주기 때문이다.

술에는 독이 되고 약이 된다는 말이 있듯이 적당한 양이면 문제는 없다. 뇌를 이완 시켜 주고 뇌의 활동을 좋게 해 주며 혈액을 잘 흐르게 하기 위해서는 술을 적당히 마시는 것도 건강을 지키는 하나의 방법이다.

~적당한 알콜은 뇌를 이완 시키는 효과를 준다.

13. 비타민C의 약 600배의 플라반제놀

　항산화물질인 각종 폴리페놀 들어있는 건강음료도 뇌에 좋은 영향을 줄 가능성이 있다. 카테킨이 많이 함유된 차도 유효하다고 생각되지만 주목하는 것은 플라반제놀이라는 폴리페놀이 들어있는 플라반차다.

　플라반제놀은 프랑스 남서부 란데스 지방의 해안부근에서 자생하는 소나무의 껍질에서 추출한 물질로서 이 추출물에는 40종류가 넘는 플라보노이드가 함유되어 있다. 1947년 프랑스 보르드대학 명예교수인 자크 매스케리에 박사가 소나무껍질에 포함된 유효성분 추출에 성공하면서 활용할 수 있는 기대치가 높아졌다. 현재는 일반적으로 플라반제놀이라는 명칭을 사용하고 잇다.

　비타민C나 비타민E도 항산화물질이지만 플라반제놀의 강한 항산화 작용은 비타민C의 약 600배나 된다.

　레드와인의 폴리페놀은 프로·안토시아니진이 5~7개쯤 결합되어 있지만 플라반제놀은 프로·안토시아니진이 2~3개 결합하고 있는 성분이다. 레드와인의 폴리페놀보다 작기 때문에 레드와인 성분보다 다소 흡수하기 쉬운 성질이 있다고 생각되며 레드와인보다 즉효성이 있다고 한다.

　또 다수의 유기산으로 된 기능성분이 제휴하여 높은 활성산소 제거효과를 나타낸 것으로 확인되었다. 이에 따라 플라반제놀은 모세혈관을 보호하고 뇌경색, 심근경색 등을 예방한다고 연구자들은 보고 있다.

실제로 플라반차를 마시고 조금 있으면 약간 손이 따뜻해지는 경우가 있다. 플라반제놀의 항산화 성분이 혈액 속의 산화스트레스에 대항해 주기 때문에 혈액이 거침없는 상태로 되어 말초혈관까지 혈액의 흐름을 좋게 할 것이다.

14. 뇌경색을 예방하는 플라반차

실험용 쥐를 이용하여 플라반차가 뇌경색을 예방할 수 있는지 실험을 했는데 뜻밖의 결과를 얻었다. 실험용 쥐 뇌혈관에 혈전을 만들기 위하여 먼저 쥐의 혈액 안에 특수물질을 주사했다. 이 특수물질은 강한 빛을 받으면 화학변화를 일으키고 혈액을 질적질적 변하게 하여 혈전을 만들어 낸다. 즉 뇌 부분에 스포트라이트 같은 강한 빛을 쪼이면 그 부분에 혈전이 생겨서 뇌경색 상태가 된다는 것이다. 실험은 플라반차를 마시게 한 쥐, 플라반차의 원액을 마시게 한 쥐, 물만을 마시게 한 쥐, 이렇게 세 가지로 나누어서 실험하였다. 실험결과 일주일에 걸쳐서 1일 1개씩 플라반차를 마시게 한 실험용 쥐의 경우 뇌의 혈전이 생기기 어려운 것을 알 수 있었다. 또 플라반차의 원액을 먹인 실험용 쥐의 경우 물만 먹게 한 쥐와 비교해서 허혈 에리어(혈액이 흐르지 못하고 조직이 죽은 부분)가 약 52% 적었던 것이다.

즉 혈액을 바슬바슬하게 해 주는 플라반제놀이 들어 있는 차를 마시면 혈전이 안되고 나아가 뇌경색을 예방할 수 있다는 것이다.

플라반제놀의 이 같은 현상에는 많은 여성들에게도 도움이 된다. 혈액이 맑아지고 혈류가 좋아지기 때문에 냉증이 개선되고 살결이 부드럽게 된다는 것이다.

동시에 실험용 쥐에 강한 빛을 비친 실험에서 볼 수 있듯이 플라반제놀은 빛 실험에도 강하다는 특성을 갖고 있다. 빛을 받아도 산화물질을 발생시키지 않는다. 쉽게 말하면 햇볕에 타는 것을 막는 미백효과를 갖고 있다는 것이다. 또한 폴리반제놀에는 건강한 피부에 없어서는 안될 콜라겐의 생성촉진 작용이 있기 때문에 피부의 탄력과 윤택을 주는 작용을 하고 잡티를 제거하는 작용도 한다.

~혈류를 좋게 하는 플라반제놀 음료

15. 커피는 졸음을 깨게 하는 것보다 이완 효과

커피성분으로 뇌에 영향을 주는 것은 카페인이다. 카페인은 뇌를 자극해서 사고력을 높이고 졸음을 달아나게 하는 효과가 있다. 졸음을 피하기 위하여 커피를 마시는 사람도 많다.

카페인 그 자체의 함유량을 말하면 커피가 가장 많이 카페인을 포함하고 있다는 것은 아니다. 식품 성분표를 보면 커피 속의 카페인량은 0.04%이다. 홍차는 0.05%, 우롱차는 0.02% 등이다. 카페인을 과음하면 위산과다나 급성 중독증을 일으키는 위험이 있으니 과음은 금물이다.

커피의 향기 성분에는 이완 효과가 있고 α파가 나온다는 말도 있다. 또한 커피의 강한 향기가 이완 효과를 낳는 것으로 알려져 있다. 커피는 홍차나 다른 차에 비해 향이 강한 음료이다. 커피숍 앞을 지나가면 커피의 좋은 향기가 훈훈하게 기분을 돋아 준다.

이처럼 강한 향기를 맡으면 뇌 안의 뉴론은 그 강한 향기 쪽으로 에너지를 빼앗겨 다른 뉴론을 일시적으로 쓰지 못하게 하는 추측도 한다. 일이나 인간관계 등으로 스트레스를 느끼고 있을 때가 뇌 안의 여러 부위의 뉴론을 쓰고 있는 것이다. 그러나 커피를 마시고 있는 동안에는 강한 향기를 맡는 쪽으로 뉴론의 활동이 집중해 버려 일시적이나마 잡다한 일들을 잠시나마 잊을 수 있다.

그 때문에 커피를 한참 마시는 동안에는 몸이 이완 되는 효과를 얻고 정신적으로 안정된 상태가 되기도 한다.

16. 커피 향은 생각과 감정을 일시 정지시킨다.

여기에 뇌의 기본적인 특징은 병렬 처리를 잘 하지 못한다는 것이다. 뇌는 두 가지 일을 동시에 하지 못하는 성질을 갖고 있다.

보통 한 가지 작업에 에너지를 빼앗기면 다른 일을 소홀해 진다. TV를 보면서 공부하고 있으면 진도가 잘 나가지 않는 것은 TV 보는 쪽으로 뇌가 사용되고 있기 때문이다. 전화 통화를 하면서 운전하는 것이 사고를 일으키기 쉬운 것도 전화 쪽으로 의식이 가버리고 운전 주의력이 많이 떨어지기 때문이다.

같은 형태로 커피의 강한 향기를 맡으면 향기를 맛보는 것에 뇌의 뉴론이 집중되어 그때까지 사용하고 있는 생각이나 감정이 뉴론 작용을 약화시키는 것이다. 이렇게 해서 일시적으로 사고나 감정을 중단시켜서 그때까지의 스트레스에서 해방됨으로서 이완 효과가 생겨난다. 커피뿐아니라 강한 향기는 그와 같은 곳에서 큰 효과의 한 원인이 된다. 커피의 강한 향기로 뇌를 일시적으로 잡다한 일에서 해방시키는 것도 몸에 이롭다.

~커피 향기는 뇌를 이완 시켜준다.

17. 생선도 가끔은 먹는 편이 좋다.

생선 속에는 DHA라는 성분이 많이 함유되어 있다. DHA란 생선기름에 많이 함유된 불포화 지방산이다. DHA는 야채나 육류 속에는 거의 포함되어 있지 않고 수산물에 많이 함유되어 있다. 예를 들면 다랑어, 방어, 고등어, 꽁치와 같은 등이 푸른 생선에 많이 함유되어 있고, 연어와 송어 알, 오징어 내장에도 함유되어 있다. 쉽게 말하면 DHA는 생선기름이라 생각하면 될 것이다. DHA가 몸에 어떤 효과를 주느냐에 대해서는 여러 가지 연구 발표가 있다. 특히 혈액을 바슬바슬 하게 하는 효과가 주목받고 있으며 심근경색, 뇌경색 등 혈관 장애를 막는 효과가 있다고 한다. 그 외 시각 기능 향상 등의 효과도 알려져 있다.

또한 뇌 안의 뉴론의 시냅스 막은 기본적으로 인으로 되어 있기 때문에 지방분의 보급으로 막의 성능에 영향을 주게 된다. DHA에 의하여 막의 유동성이 높아지고 뇌의 뉴론의 신경전달이 좋아진다는 것은 알려진 사실이다. 일부 연구에서 생선지분을 섭취하고 있는 고령자 일수록 알츠하이머병에 잘 걸리지 않는다는 발표가 있었다. DHA가 많이 함유된 모유를 먹은 아이일수록 정신활동의 발달상태가 좋고 뇌 기능 발달에 도움이 된다고 조사 발표되었다.

DHA는 뇌 속에 있는 신경세포인 시냅스 생성을 촉진하고 뇌세포 활성을 촉진시킨다. 그리고 뇌세포의 감소를 방지하여 학습능력이나 기억력을 향상시켜 주는 것으로 알려져 있다.

2004년에 알츠하이머병에 걸리기 쉬운 특수한 실험용 쥐를 사용하여 실험했었다. 실험결과 DHA에는 알츠하이머병의 진행을 억제하는 효과가 있는 것을 알았다. 많은 사람이 그 실험 효과에 감탄하여 생선을 먹으면 두뇌가 좋다는 유행어가 생겼다. DHA는 노화가 진행되어 치매에 이르면 그 양이 현저하게 줄어든다. 육류와 생선의 균형 있는 식사는 건강을 유지하는데 많은 도움이 된다.

18. 매실이나 된장도 혈액을 좋게 한다.

　요즘 매실의 중요성이 점차 인식되고 있는 것은 구연산 성분이 많이 함유되어 있기 때문이다. 하지만 구연산은 혈액이 굳을 때 필요한 칼슘이온을 에워싸서 혈액응고가 안되게 한다고 한다.
　즉 구연산도 혈액을 바슬바슬하게 돕는 성분의 하나로 생각하고 있다.
　매실을 먹고 있는 사람과 그렇지 않은 사람의 혈액을 조사해 보니 매실을 많이 먹고 있는 사람의 혈액이 바슬바슬하다는 실험 결과가 나왔다. 또한 우리나라 식생활의 오랜 습관으로 되어온 된장찌개는 단백질 분해효소가 포함되어 있다. 혈전을 녹이는 작용을 하고 있다. 된장 속에는 이소플라본이라는 성분이 함유되어 있다.
　이소플라본은 원래 콩에 함유된 성분으로 여성 호르몬 비슷한 작용이 확인되어 있고, 갱년기 장애의 예방이나 미백효과 등에도 도움이 된다고 생각된다. 같은 콩 제품인 두부 속에도 이소플라본이 함유되어 있다.
　냉면 속에 함유된 고혈압 치료제인 루틴이라는 폴리페놀에도 항산화 작용이 있고 혈관을 강화해주는 효과가 있다. 이처럼 야채 속에도 항산화작용이 있는 폴리페놀이 함유된 것이 충분히 있으니 야채를 단단히 먹는 것이 좋다.
　~뇌를 활발하게 작용하기 위하여 생선, 매실, 된장국 등을 자주 먹도록 하자

19. 배설은 뇌, 마음, 몸을 상쾌하게 한다.

　식사하여 체내에 영양을 채우고 남은 것은 몸 밖으로 배출해야 한다. 몸 안의 여분을 배출하지 않으면 마음도 몸도 상쾌하지 않다. 변비가 있는 사람들은 항상 몸에 불쾌감을 느끼고 있게 마련이다.

　인간에게 있어서 배설행위는 기분 좋은 쾌감을 갖게 하는 행위의 하나이다. 쌓여 있는 것을 화장실에서 말끔히 배설했을 때는 뱃속도 상쾌해져 행복한 기분이 생성되게 된다. 이 같은 점에서는 배설은 건강의 바로미터인 동시에 행복한 뇌의 바로미터이기도 한 것이다.

　소화를 잘 하기 위해서는 섬유질을 적당히 먹어야 한다. 섬유질이 많은 음식물에는 우엉, 버섯, 옥수수 등의 야채류와 표고버섯 같은 버섯류, 미역이나 다시마 같은 해조류에 많이 함유되어 있고 과일에도 섬유질이 포함되어 있다.

　변비가 잦은 사람들은 장의 활동을 조절하는 음식물이 좋다. 일상생활에서 스트레스가 쌓이면 스트레스 호르몬이 나와서 장 속에 있는 좋은 균을 줄여 장상태를 나쁘게 한다. 이때 장을 정제 하는 요구르트 등을 먹으면 배설에 도움이 된다. 그 외 배설을 좋게 하는 것은 장을 움직여 주는 것이 효과적이다. 장의 연동운동이 멈춰버리면 변비가 된다. 이를 위하여서는 식사를 규칙적으로 하는 것이 좋다. 배 속이 단단한 느낌이라고 밥을 먹지 않으면 장이 움직이지 않아 도리어 변비상태가 계속되게 되는 경우가 발생한다.

20. 쾌변은 행복감을 상승 시킨다.

매일 아침 화장실에서 통쾌한 기분을 맛보고 싶다면 아침식사를 규칙적으로 먹어야 한다. 밥을 먹으면 위가 움직이고 장의 연동운동이 높아져 대변을 보는 것도 좋아진다. 음식물을 먹고 나서 위를 지나 장이 움직이기 까지는 약간의 시간이 소요됨으로 식후 20~30분 정도가 지나서 화장실에 가는 상태가 가장 좋다.

어떻든 모여진 여분은 화장실에서 배설하고 행복감을 매일 아침 맛보는 것은 하루의 출발점으로 쾌적한 기분이 될 것이다.

~여분은 몸 속에 남겨두면 뇌의 작용에도 좋지 않다.

21. 가끔 뇌에도 냉엄함을 가르치자.

뇌를 기르기 위해서는 식사로 영양을 공급해야 한다. 하지만 충분한 영양을 공급해 주는 것이 좋다고만 할 수 없다. 때로는 식사를 참고 뇌에 냉엄함을 가르쳐 주는 것도 뇌의 활력을 높여 주는 것이다.

직장인이나 주부들 중에는 저녁때 배가 고플 때 빵 같은 것을 먹는 경우가 많다. 빵이나 간식을 먹으면 뇌의 에너지를 보급할 수는 있지만 그것을 계속하면 뇌는 응석을 부리게 되고 몸은 비만으로 향한다. 때로는 배가 고프더라도 간식을 하지 말고 몸과 뇌에 냉엄함을 가르치는 것이 좋다. 그러면 몸과 뇌는 그 엄한 조건 하에서 어떻든 활동하려고 움직이게 된다.

외부에서 영양분을 충족시키지 못할 때는 체내의 여분의 지방 등을 사용해서 그곳에서 에너지원(源)을 만들어 내어서 뇌에 보내게 된다. 하루쯤 식사를 하지 않더라도 그다지 큰 문제는 발생되지 않는다.

또 칼로리 제한을 하는 것은 뇌 속의 영양인자인 BDNF를 눌려주는 효과도 있다. BDNF는 스트레스 호르몬의 분비를 억제하고 우울한 상태에서 뇌를 지켜준다. 이처럼 때로는 칼로리 제한을 하는 것도 뇌를 위해서도 도움이 된다.

영양과다는 뇌를 위해서도 결코 좋은 것은 아니다. 적당한 식사에 유의하는 것이 중요하다.

~영양을 지나치게 공급하는 것은 뇌에 좋지 않다.

제 8 절

뇌를 자극하는 운동은
두뇌 회전을 빠르게 한다

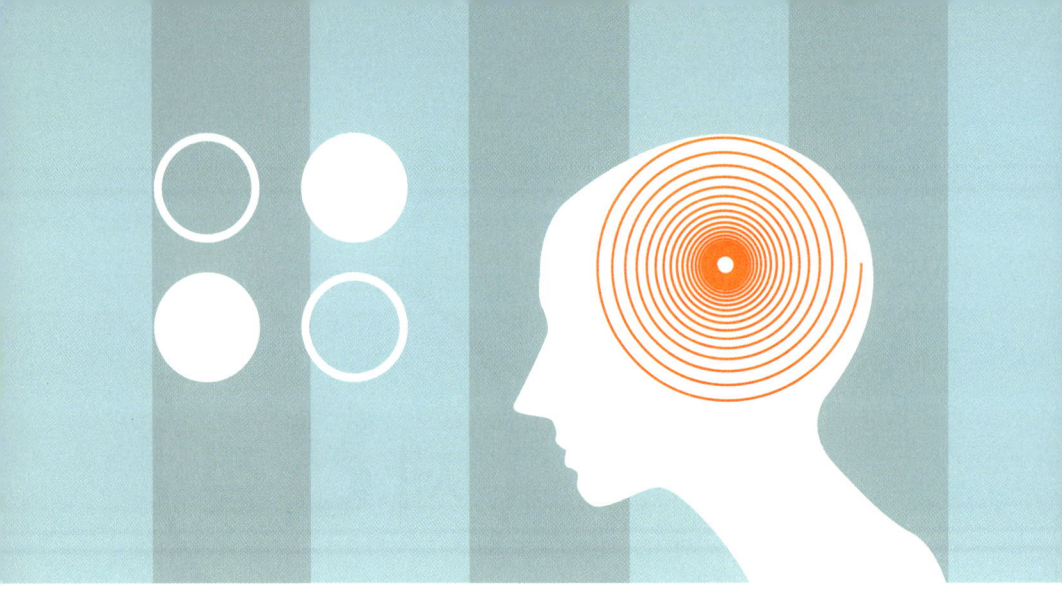

1. 책을 읽는 것은 뇌의 모든 부분을 자극한다.

　점심식사 후에 언제나 졸음이 온다. 책을 읽어도 졸음을 참는 것은 쉽지 않다. 졸음이 오면 책을 소리 내어 읽는 방법도 좋다. 점심식사 후에는 뇌가 잘 움직여주지 않기 때문에 소리 내어 책을 읽는다는 것은 뇌를 깨우려는 것이다. 책을 소리 내어 읽기 시작하면 졸음이 달아나게 된다. 이것은 소리 내서 읽으려고 하면 자고 있을 여유 같은 것이 없어지기 때문이다.

　책을 소리 내서 읽는 행위는 뇌를 많이 사용하지 않으면 안 되는 행위이다. 눈으로 봄으로서 뇌 속에 있는 시각영역에 정보를 보내게 되고 소리를 만들기 위하여 말하는 능력이 잇는 브로카영역을 써야 한다. 말을 듣기 위해서는 웰니케영역도 자극된다. 소리를 들으니 청각영역도 쓰게 되는 것이다.

서류를 묵독하는 경우에 비하여 몇 배나 뇌를 써야하고 그만큼 뇌에 자극효과가 높다고 할 수 있다. 소리 내어 읽는 것만으로서 뇌를 자극하게 되는 것이다. 뇌가 잘 작용 안 된다고 생각될 때에는 책을 소리 내어 읽어 뇌를 움직이면 된다.

읽지 않으면 안 될 서류 중에는 영문이 있을 때 그것을 큰 소리로 읽으면 더 큰 효과를 얻을 수 있다. 영문은 한글보다 발음 연습, 듣는 연습에도 많은 도움이 된다.

2. 뇌의 워밍업은 단순 작업부터

책을 소리 내어 읽는 방법 외에도 뇌를 워밍업 하는 방법은 있다. 서류정리나 전표정리 같은 단순한 작업에서 일을 시작하는 방법이다. 이것을 작업 흥분이라 하는데 어떤 작업을 하고 있으면 뇌의 활성이 점점 높아져서 뇌 전체가 활동하기 쉬워진다. 자극을 가함으로서 뇌가 작업 상태로 들어간다는 것이다. 일을 할 마음이 생기지 않을 때는 뇌가 움직이지 않는 상태이다. 뇌를 자극해서 작업 흥분상태로 하기 위해서는 간단한 작업부터 시작해 보는 것이 좋다. 전표 정리, 일기 쓰기, 만화 읽기 등을 하는 것이다.

업무 중에는 단순한 작업이지만 꼭 해야 하는 작업이 있다. 그 같은 단순한일부터 시작해서 뇌를 워밍업해 주는 것이 좋다.

책상 앞에 앉아 있는 수험생이라면 책상 정리와 서랍정리부터 한다. 주부도 가사 일을 하기 싫을 때는 테이블 위라도 먼저 정리 하는 것이 좋다. 주변 가까이 있는 작업을 시작해 보면 뇌가 서서히 움직여 주고 다른 일 준비까지 차츰 진행할 수 있다.

~뇌는 급발진이 안되니 서서히 업 시키자.

3. 뇌의 땀은 초월한 기분인 것이다.

　시험공부를 하면서 어려운 문제를 풀어서 땀이 난 경험이 있을 것이다. 공부하는 동안에는 몸 근육은 전혀 사용하지 않으니 몸에서 나온 열에 의하여 땀이 난 것으로 생각되지 않는다. 쓰고 있는 것은 머리뿐이다. 이것은 뇌의 뉴론이 활발히 움직여 뉴론이 낸 열로 땀이 난 것이다.

　즉 땀이 날 정도로 뇌가 에너지를 소비하고 있다는 것이다. 어려운 문제를 생각하면 생각할수록 뇌는 활발히 활동해서 땀이 나는 것이다. 뇌의 활동이 활발하게 움직이는 상태는 숫자를 셀 때 거꾸로 셀 때와 같은 상태에서 뇌는 활발히 움직인다.

　숫자를 순서적으로 말하면 뇌는 대체로 움직이지 않는다. 역으로 숫자를 말하는 것은 머리를 많이 써야 한다. 뇌의 워밍업 하는 훈련으로 역으로 숫자를 읽는 것도 하나의 방법이다.

　이 같은 훈련을 오랜 시간동안 계속한다면 지쳐 버릴 것이다. 한두 가지 정도로 끝내고 뇌가 조금 활성화되면 그 후에는 자신에게 필요한 것에 활성화된 뇌를 활용하면 된다.

　　　　　　　~뇌도 땀을 내는 것을 기뻐한다. 뇌의 트레이닝을 잊지 말자~

4. 뇌를 시동시키는 방법이란

뇌가 워밍업 되더라도 상태가 나쁘고 뇌의 활동상태가 저조한 때가 있다. 그런 때는 정해진 일이나 루팅워크를 행하면 좋을 것이다. 해보지 않은 일을 할 때는 뇌를 풀가동시켜 뉴론을 활발히 움직여야 하지만 그 일이 익숙해지면 뇌는 편하게 있으려고 한다. 뉴론을 쓰지 않더라도 일을 할 수 있게 되는 것이다. 그러니깐 뇌가 저조할 때는 익숙한 일이나 정해진 일을 하는 편이 좋다. 성과가 오르는 일은 안 되지만 루팅워크 정도 같으면 어떻게든 소화할 수 있을 것이다.

5. 논리사고를 하는 동안에는 뇌는 그다지 활동하지 않는다

논리사고가 필요한 일도 소화를 할 수 있다. 논리사고는 어려운 사고처럼 생각되지만 실제는 논리에 따라 순서대로 생각하는 사고법이다. 이는 인관관계에 있어서 상대와 대화를 명확하게 하는 것처럼 같이 대립하고 있는 점을 찾아내는 것이다. 전제조건에 따라 경우를 구분하기도 하고 사실이냐 아니냐 판단한다거나 우선순위를 붙인다. 이것은 당연한 사고인 것이다. 몇 가지 형태에 따라 생각하면 되는 것이다. 논리사고는 아이디어를 짜거나 새로운 것을 만드는 사고에 비하면 편한 작업인 것이다.

실제 뇌 상태를 조사해 보면 논리사고일 때는 창의적인 생각을 하고 있을 때만큼 뇌를 사용하지 않는 것이 확인되었다.

논리 사고와 창의하는 사고를 놓고 센서로 뇌의 발화상태를 조사한 결과 논리사고 중에 뇌는 좀처럼 발화하지 않았다. 반면에 창의적 사고 일 때는 뇌는 엄청나게 발화하고 있었다.

수험생들이 시험문제를 풀고 있을 때도 뇌는 잘 빛나지 않았다. 이것은 답이 정해져 있는 문제나, 사물의 이치대로 결론을 이끌어내는 사고일 때는 뇌는 좀처럼 쓰지 않는다는 것이다. 시험문제를 술술 푸는 머리 좋은 수험생이나 논리적 생각을 갖는 비즈니스맨은 뇌를 많이 쓰고 있는 것처럼 생각되지만 실제는 그렇게 뇌를 활발히 쓰고 있는 것이 아니다.

그와 반대로 항상 아이디어를 생각하고 있는 사람 쪽이 더욱 뇌의 뉴론을 활동시키고 있다.

이 같은 뇌의 원리를 알고 있으면 뇌 상태가 좋을 때는 발상이나 창조적인 사고를 하기 위하여 시간을 쓰고, 뇌가 저조할 때는 반복적인 일이나 논리사고에 시간을 할애하는 편이 효율적이란 것을 알 수 있다.

~뇌가 호조일 때는 창조적 사고에 힘 쓸 것

6. 뇌의 다른 부위에 전기를 쏠리게 한다.

뇌가 정상적일 때 아이디어를 생각하는 일이나, 좋은 생각을 필요 하는 일에 우선적으로 시간을 할당하는 것이 좋다.

아이디어나 영감이라는 것은 많은 소재 중에서 창의적인 문제이다. 뇌 속에 있는 정보를 어떻게 맞추느냐에 달려있다. 새로운 발상이 생각났을 때 그것이 새로운 아이디어이고 영감일 것이다.

발상하려고 할 때에는 여러 가지 종류의 맞춤을 생각해 보는 것이 도움이 된다. 뇌 속에는 여러 부위에 전기 신호를 흘려 보는 것이다. 시험공부에 능한 사람이나 실무에 능한 사람은 뇌가 같은 방향으로만 전기신호가 흐를 가능성이 있는 것이다. 이는 뇌의 특정부위만 쓰고 있는 것이다.

가끔 뇌의 다른 부분에도 전기를 보내지 않으면 새로운 짝이 생기지 않는다. 그렇게 하기 위해서는 일에서 떠나 논다거나 여행을 떠난다거나 하는 것도 도움이 된다. 잘 놀고 있는 사람이나 자주 여행하는 사람 쪽이 창의력 풍부하다. 그것은 뇌 속의 여러 부위를 사용하고 있기 때문이다. 다양성이 있는 것이 참신한 맞춤을 발견하기 쉬운 것이다.

7. 영감을 뇌에 기억시키려면

영감이란 것은 뇌의 시냅스와 시냅스의 순간적인 연결인 것이다. 생각이 난 영감은 곧 종이에 메모해 두어야 한다. 생각이 난 것은 아무리 작은 것이라도 반드시 메모해 두는 습관을 기를 필요가 있다. 영감이란 뇌 속에서 생긴 기적인 것이다.

영감을 종이에 써서 그것을 다시 읽어보면 영감이 기억으로 뇌 속에 보존된다. 문자 정보로서 뿐만 아니라 이미지로서도 뇌 속에 기억되다.

그 종이를 몇 번씩 보면서 영감을 다시 기억하려고 하면 기억을 위해서 우뇌를 쓰게 되는 것이다. 생각난 것은 다시 해마를 통하여 기억되게 된다. 이렇게 해서 뇌의 모든 것을 활용해서 영감을 뇌에 새기는 것이다.

이 같은 활동을 되풀이 하는 동안에 단순한 영감이 점점 늘게 되어 성장해 가는 것이다. 기억된 영감이 소재가 되어서 다시 새로운 아이디어를 낳는 수도 있다. 단순한 착상이 아닌 질 높은 기획으로 단련해 갈 수 있을 것이다. 보다 질 높은 아이디어를 낳기 위해서는 영감을 그대로 방치 하지 말고 반드시 뇌에 기억도록 한다.

~영감이 떠오르면 메모해서 몇 번이라도 확인해 보자

8. 뇌가 갖는 힘에 맡긴다.

어떤 일에 방황하고 있다는 것은 뇌가 초조하고 지속적으로 활동하고 있는 것이다. 이 상태는 뇌로 보아서는 기쁜 상태가 아니다. 새로운 아이디어를 생각하려고 몸부림치는 것은 뇌로서는 그리 좋은 상태가 아니다. 자신이 나아갈 방향과 선택해야 할 것을 정하지 못하고 있는 상태라고 할 수 있다.

그럴 때는 과감히 어느 쪽을 정하면 뇌는 자극을 받아서 새로운 활동을 시작하게 된다. 방황만 하고 있어서는 뇌는 어떤 학습도 안 되기 때문에 어느 쪽이라도 결정을 해야 한다.

뇌는 선택해서 생긴 성공 혹은 실패한 정보를 영양으로 해서 새로운 스테이지로 자라가는 것이다. 실패하더라도 선택을 시도한 뇌는 경험을 했기 때문에 다음부터는 실패를 피할 수 있게 생각하는 것이다. 뇌의 프로그램이 자동적으로 불행을 피하게 작용 할 것이다.

그렇게 하기 위해서는 어떻게 하면 행복하고 어떻게 하면 불행하게 되는지 정보를 뇌에 많이 보내줄 필요가 있다. 판단하는 재료가 없으면 다음에 같은 상황을 만났을 때 뇌는 다시 방황해 버린다. 인생에는 여러 가지 방황이 있다. 친구나 연인 문제, 회사에 대한 방황도 어느 정도 시간이 지나면 그 뒤에는 결단 할 수밖에 없다.

방황을 계속하는 것은 뇌가 고통을 계속하는 것과 같은 것이다. 결단하면 뇌는 지속적인 활동 상태에서 해방되고 편안해지고 결과적으로 실패했다고 하더라도 그것을 영향으로 학습해 갈 것이다. 결단하면 다른 것은 생각지 말고 뒤에는 뇌에 맡겨서 행동하는 것이 중요하다.

~뇌는 복잡을 싫어하고 상쾌하게 한 연후에는 뇌에 맡기자.

9. 복잡한 뇌 회로는 아이디어가 생기지 않는다.

뇌를 잘 활용한 생각이라 하더라도 막힐 때가 있다. 아이디어를 생각 중인데 생각이 떠오르지 않으면 무척 답답하게 느껴진다. 생각을 포기하고 싶지만 결단을 내릴 수도 없다. 그때는 얼마동안 그 자리를 떠나 걸어보는 것도 좋은 생각이다. 일단 모든 것을 제자리로 돌려놓고 복잡해진 뇌 회로를 정리해 주는 것이다.

차분하게 걷고 있을 때 문득 아이디어가 떠올랐다는 사람들도 있다. 걷고 있을 때는 자기 자신은 아무것도 생각지 않은 것이지만 실은 뇌는 계속적으로 생각을 하는 것이다. 뇌 속에는 생각하기 위한 재료가 임의로 들어 있고 나머지는 기회만 기다릴 뿐이다. 걷는 것, 풍경을 보는 것으로 어떤 다른 자극이 가해져서 영감이 떠오르거나 결단한다거나 하는 수가 있다.

10. 뇌 운동을 쉬고 몸 운동을 한다

약간의 운동으로서 몸에 자극을 주는 것도 하나의 계기가 된다. 계단을 오르내리고, 손발을 뻗어서 스트레칭을 하면 몸의 자극이 뇌에 전해져서 그것이 발상이나 결단의 계기가 될 수 있는 것이다.

걸을 때는 천천히 조금 걷는 것이 아니라 빠른 걸음으로 걷거나 장시간 동안 걷는 것도 좋다. 운동을 하면 에너지를 쓰니까 몸의 기초대사가 높아진다. 기초대사가 높아지면 몸의 여러 부분에서 호르몬이 생산된다.

호르몬은 뇌의 명령으로 만들어지는 것도 있지만 몸이 독자적으로 만들어내고 있는 호르몬이기도 하다. 그 같은 호르몬을 내기 좋게 해서 뇌에 보내 주는 것도 유효한 것이다. 뇌의 호르몬 균형이 바뀌면 그것이 계기가 되어 새로운 뇌 회로가 작용하여 아이디어가 생겨날 가능성이 있다.

이처럼 막혔을 때는 과감히 운동을 하고 체내에서 만들어진 호르몬을 뇌로 보내서 뇌의 변화를 촉구해 주는 것도 좋을 것이다. 아이디어 때문에 많은 시간동안 방황을 하고 있다면 그 이상 계속 생각해도 아무것도 나오지 않을 가능성이 있다.

그럴 때는 생각하는 것을 중지하고 기분전환을 위하여 걷거나 잠을 자는 것도 한가지의 방법이다.

~뇌의 최적한 상태라 함은 단순한 것이다.

11. 울적한 마음에 잘 듣는 BDNF를 만든다.

인간은 동물의 일종이니까 당연히 동물적인 특성을 갖고 있다. 동물이란 원래 움직이는 것을 좋아하는 생물이다. 가만히 있는 것보다는 움직임으로서 행복감을 얻을 수 있는 측면이 있는 것이다.

캘리포니아 대학의 코트만 박사와 바티틀드 박사는 실험용 쥐를 쳇바퀴에 실험을 했다. 실험용 쥐는 쳇바퀴 안을 자유로 달리지만 하루 밤에 달리는 거리가 2km를 넘으면 뇌 속에 신경영양인자(BDNF : Brain Derived Neurotropic Factor) 를 만드는 것이다. BDNF는 뇌의 영양인자로 뇌를 스트레스 호르몬에서 지키고 우울상태를 개선해 주는 물질이다. 뇌를 불행한 상태가 되지 않게 하는 것, 즉 행복한 상태로 있을 수 있게 지켜주는 물질이다.

또한 샌디에고에 있는 소크연구소의 게이지 박사는 야간에 러닝하고 있는 쥐는 해마의 신생뉴론이 증가해 있고 기억력이 현저하게 향상되어 있는 것을 발견되었다. 이것은 운동함으로써 몸의 신진대사가 높아지고 체내에서 세포기능을 높이는 성장호르몬(IGF-1)이 대량으로 산출되어 뇌의 신생뉴론 숫자가 증가한 때문이라 생각되고 있다. 그 결과 기억을 관장하는 해마 속에 유연한 정보전달을 할 수 있는 신생뉴론이 증가해서 기억력이 향상된 것이다.

12. 운동은 뇌를 행복하게 한다.

적당한 운동을 하고 있으면 기억력이 높아진다. 운동에 의한 뇌 기능 향상에 대해서는 아직 까지도 연구 중이지만 원래 인간은 동물이란 것을 고려

한다면 움직임으로서 몸의 기능이 높아지고 뇌가 최적한 상태로 된다는 것은 이상한 일이 아닐 것이다.

운동을 하고 있을 때는 몸만을 사용하고 있는 것이 아니고 뇌도 많이 사용한다. 뇌를 쓰지 않으면 손발을 잘 움직일 수없는 것이고 균형감각을 유지할 수도 없다. 시각도 청각도 쓰는 것이다.

심장이나 폐를 평소보다 많이 움직이는 명령도 뇌가 내리는 것이다. 뇌를 쓰지 않으면 운동은 못한다. 몸을 단련하기 위함이 아니라 뇌를 단련하기 위해서도 운동을 하는 것이 좋다.

현대인은 누구나 운동 부족을 느끼고 있을 것이다. 적당한 운동을 하면 뇌 기능도 높아질 것이고 우리들 체내에 있는 동물적인 본능에 의하여 운동으로 느껴지는 행복감을 얻을 수 있다.

~적당한 운동은 기억력을 향상시키다.

13. 춤은 시각영역과 운동영역을 자극한다.

평소 안하는 것에 도전하면 평소와 다른 뇌 부분을 사용하게 된다. 그것이 뇌의 활성화에 크게 도움이 된다.

예를 들면 춤은 뇌의 자극효과는 상당히 크다. 사교댄스를 전혀 하지 않은 사람일수록 춤출 때 뇌의 자극은 높아진다. 평소에 사용하지 않았던 뇌를 움직이는 것이 뇌에는 큰 자극이 되는 것이다. 춤을 추는 것은 음악과 함께 춤을 추니까 소리를 듣는 청각영역과 몸을 움직이는 운동영역이 같이 움직인다. 이 양자의 뉴론이 팀워크로 잘 활동하지 않는다면 춤을 추지 못한다.

사무실에서 일하는 사람들 대부분은 일하는 동안에 음악과 함께 작업을 진행하는 일은 없다. 음악에 함께 조금이라도 몸을 움직이면 평소와 다른 뇌 부분을 활동하게 할 수 있는 것이다.

기타나 바이올린 등 악기를 배우는 것도 같은 효과가 있다. 춤만큼 몸을 크게 움직이는 것은 아니지만 소리를 들으면서 손을 움직인다는 점에서는 평소와 다른 뇌의 활동이 요구되는 일이다.

바이올린 같은 것은 왼손으로 줄을 누르는 위치를 조금씩 비키면서 내고 싶은 음을 내게 하는 작업은 대단한 고도의 작업이며 뇌 전체를 움직여야 하는 작업이다.

프로 바이올리니스트의 뇌를 조사를 하니 왼손가락의 운동을 관장하는 대뇌 신피질의 크기가 일반사람보다 커져 있었다는 자료가 있다. 프로는 청각영역과 운동영역이 높은 네트워크로 이어져 있는 것이다.

14. 평소 사용하지 않는 뇌를 사용해서 재충전 한다

춤을 추거나 악기를 연주하는 방법 외에도 뇌를 자극하는 방법은 많이 있다. 새로운 자격증에 도전 한다거나 프랑스어, 이태리어 등 영어 외의 다른 언어를 배워 보는 것도 좋을 것이다. 또는 지역 문화센터에서 새로운 배움을 시작하는 것도 좋은 방법 중의 하나이다. 반드시 평소 쓰지 않은 뇌가 활동해서 머리가 재충전될 것이다.

새로운 학습을 시작하면 또 한 가지 좋은 효과가 있다. 그것은 새로운 만남이 있기 때문에 새로운 친구가 생길 가능성이 있다는 것이다. 평소에 접촉할 수 없는 만남에서 친구들이 생길 수도 있고 때로는 새로운 만남에서 사랑으로 발전할 수도 있는 것이다.

사랑은 행복한 뇌로 만드는 최고의 행위이다. 새로운 것을 시작하면 뇌가 활성화되어서 뇌가 유연해 진다. 게다가 새로운 만남의 기회도 된다. 행복한 뇌를 만들기 위해서도 뭔가 새로운 것을 시작해 보는 것은 대단히 좋은 일이다.

~모든 뉴론의 활동성을 높이도록 하자

15. 웃음은 면역력을 높게 한다.

새로운 만남이 있으면 서로 웃을 수 있는 친구들이 늘어 날 것이다. 웃음은 뇌를 행복하게 만드는데 중요한 요소가 된다.

유감스럽게 웃음과 뇌에 관한 연구는 발전되지 않았다. 다만 질병치료와 웃음은 많이 연구되고 효과도 크게 기여하고 있다. 뇌의 활성을 조사하기 위하여 헤드기어(headgear)같은 것에 전극이 이어서 측정해야 하는데 그때는 긴장해서 즐거운 웃음은 좀처럼 나타나지 않는 면이 있다. 뇌 상태를 측정하기 위하여 웃음과 정반대의 긴장이 가중되어 측정이 어려운 실정이다.

그러나 웃음과 면역시스템에 대한 연구는 최근 많이 진척되고 있으며 각종 실험에서 코미디를 보기전과 본 후의 스트레스 호르몬인 코티졸의 양을 조사해 보니 코미디를 본 후의 쪽이 스트레스 호르몬 양이 감소하였다고 한다.

노인들에게 연극을 보게 한 후 면역 시스템 변화를 조사해 보니 웃음 뒤에는 스트레스 레벨이 내려간 것을 알 수 있었다. 이것으로 보아 웃음은 스트레스를 줄이는 효과가 있다고 할 수 있다. 즉 웃음으로 스트레스가 줄고 기운을 생성하는 것이다.

기운이 난다는 것은 과학적으로 말하면 호르몬 상태가 변한다는 것이다. 그래서 새로 만들어진 호르몬 균형에 의하여 행복감을 얻기가 쉬워졌다. 즐거운 웃음은 행복감을 높이기 때문에 매우 중요하다.

16. 행복한 이미지를 뇌로 보낸다

가족이나 친구들을 만남이 적고 혼자 있는 경우가 많으면 코미디 프로를 시청하거나 연극을 보러 극장에 가는 것도 좋다. 코미디를 보면서 조금이라도 웃을 수 있으면 호르몬의 균형에 조금 변화된다. 혹 재미있는 프로가 없어서 웃을 수 없다는 사람에게는 거울보고 웃는 방법도 있다.

자신의 미소 짓는 얼굴을 보면 자연히 행복한 기분이 되는 것이다. 이것은 자신의 미소 짓는 얼굴을 보면 뇌는 행복하다는 착각을 갖는 것이다. 과거 즐거웠던 기억을 회상해서 뇌 속의 상황을 변화시켜줄 수 있다. 자신에게 미소 진 얼굴을 보이고 자신의 뇌를 착각하게 해 보자.

거울을 갖고 다니지 않는 사람은 자신이 웃고 있는 사진을 갖고 다니면서 그것을 보는 것도 같은 효과를 얻을 수 있을 것이다. 요즘은 카메라가 붙은 스마트폰이 있으니 이것으로 웃고 있는 자신의 얼굴을 찍어 놓고 가끔 보는 것도 좋다. 반드시 뇌 속에서 좋다는 변화가 생길 것이다.

~새로운 만남과 기쁨을 더 많이 찾아내자

17. 울어서 뇌의 스트레스를 발산시킨다.

괴로울 때 혹은 슬플 때 울어서 눈물을 흘리면 산뜻한 기분이 되는 수가 있다. 뇌 속에는 여러 가지 감정이 모인다. 모여 있던 감정을 눈물과 함께 토해내면 카다르시스 효과를 느낄 것이다. 하지만 일상생활에서는 감정을 그대로 토해낼 수 없다. 우리나라에서는 전통적으로 즐거운 일이 있더라도 조용하게 기뻐하는 것이 좋다고 하고 있고 슬픈 일이 있더라도 꾹 참는 것이 좋다는 풍속이 남아 있다.

물론 직장에서는 희노애락의 감정을 표현하는 것은 별로 바람직스럽지 못한 것이다. 마음 속으로 감정을 쌓이게 하는 수가 있다. 감정을 억제할 필요는 있지만 때로는 감정을 품어내어 버리는 것도 필요할 것이다.

감정이 쌓여 있을 때에는 교감신경이 작용하여 뇌가 긴장상태로 된다. 자신이 갖고 있는 고민을 남에게 말하고 때 무심코 눈물이 확 쏟아질 경우가 있는데 이는 부교감신경이 작용하여 뇌가 이완 상태로 변했기 때문이다. 고민을 털어놓을 때 받아주는 사람이 좋아지는 것도 이 같은 뇌의 구조 때문이다.

이것은 뇌 과학이라 하기 보다는 인지 심리학 세계의 이야기이지만 인간의 사고는 감정에 매우 좌우되기 쉬운 것이다. 대단히 즐거운 기분일 때에는 모든 것이 잘된다는 느낌으로 앞 뒤 생각 없이 위험이 큰일을 선택하는 수가 있다.

반대로 우울 상태에 빠져 있을 때에는 어떤 것을 해도 안 된다는 소극적 선택을 해버리기 쉽다. 우울한 감정이나 침체된 감정은 냉정한 사고나 판단을 그르치게 한다. 뇌에 있는 감정회로가 사고회로에 큰 영향을 주고 있을 것이다.

뇌의 기능을 일정 레벨로 유지하려면 역시 감정을 잘 조절 하고 쌓인 감정을 가끔 밖으로 품어내야 한다. 핑계를 대서라도 우는 행위가 매우 도움이 되는 것이다.

18. 눈물나는 소설이나 드라마를 본다.

　서울중앙병원 홍진표 정신과 교수는 울음이 곧 건강을 의미한다는 말보다, 우울하고 슬픈감정을 억누르는 것 보다 쏟아 내는 것이 건강에 좋다고 했다. 눈에 잡티가 들어가 흘리는 눈물 말고 감정에 북받쳐 흘리는 진짜 눈물이 정신 건강에 좋은 것이다. 울음 연구를 한 미국 미네소타주의 램지재단 알츠하이머 치료연구센터 빌 프레이드 박사는 눈물에는 스트레스를 받아 체내 축적된 화학 물질이 섞이고 있고 울음과 함께 이 물질은 몸 밖으로 배출하는 힘이 있다고 했다.

　실제 울고 난 뒤 기분이 나아졌다는 사람이 의외로 많다. 기분만 나아지는게 아니라 마음껏 울고 나면 심장병 같은 스트레스관련 질환을 일으킬 확률도 떨어진다. 혈관이 좁아진 상태에서 심장 흐름을 방해하는 주범 중의 하나가 스트레스인데 울고 나면 스트레스 수치가 줄어드는 것이다.

　슬픈 일 이나 감동하는 일이 별로 없는 사람은 슬픈 소설이나 드라마를 보고 눈물을 흘리는 것도 좋다. 소설이나 드라마를 보고 눈물이 나는 것은 자신의 마음 한 구석에 공감 가는 감정이 쌓여 있기 때문이다. 슬플 때나 괴로울 때 혹은 감동 받았을 때 마음껏 우는 것이 뇌에 좋다. 눈물을 흘리면 시원한 기분이 되고 뇌도 상쾌해 진다.

~스트레스가 완화될 때 뉴론은 성장한다.

제 9 절

뇌를 신선하게 하면 마음과 몸이 풀어진다

1. 뇌의 산소부족에 신경 쓸 것

뇌는 혈액 속에 글루코스라는 포도당과 산소를 에너지로 갖고 활동하고 있다. 몸에 당분을 취하기 위한 식사의 중요성이 있듯이 뇌에 있어서도 산소가 매우 중요한 요소이다. 산소를 섭취하기 위해서는 호흡이 중요하다.

일을 하면서 잘 풀리지 않을 때 숨이 막힌다고 표현하는 사람이 있다. 실제로 회의 같은 상황에서 의논이 교착상태에 빠졌을 때에 실내 산소가 줄고 이산화탄소가 증가된 상태로 될 가능성이 높다. 산소가 감소된 상태에서 의논을 계속하더라도 뇌는 잘 움직이지 않는다. 그때는 창문을 열어 공기를 바꾸고 휴식하는 것이 좋다. 또한 밖으로 나가서 신선한 공기를 마시면 뇌의 활력은 매우 다를 것이다.

평소 책상 앞에서 일할 때에 산소가 부족하면 뇌의 활력이 나빠지기 때문에 가끔 심호흡해서 뇌를 위해 산소를 충전해야한다.

2. 심호흡은 필요불가결한 것이다.

심호흡은 산소 충전 이외의 효과도 있다. 심호흡은 혈류를 좋게 하는 효과적인 역할도 갖고 있다. 심장을 담당하는 외과의사의 말을 빌리면 호흡에는 혈액을 심장으로 되돌리는 효과가 있다고 한다. 심장에서 피를 방출할 때에는 강한 압력으로 인하여 몸의 구석구석에 있는 모세혈관에까지 닿게 된다. 방출한 피는 각 기관의 모세혈관에서 혈액이 심장으로 되돌아와야 한다. 통상으로는 되돌아오는 혈액, 즉 정맥에는 밸브가 붙어 있어 밸브 힘에 의하여 역류를 막고 심장 쪽으로 보내주는 것이다. 이 되돌아오는 혈액의 흐름을 도와주는 방법의 하나로 심호흡이 도움이 된다.

이는 호흡 시에 폐 주위가 음압이 됨으로서 빨아올리는 식으로 혈액이 심장 쪽으로 되돌아오게 된다. 심호흡으로 음압을 만들어내고 혈액이 심장으로 되돌아오기 쉽게 해 줌으로서 몸을 위해서는 중요한 일인 것이다.

즉 심호흡을 함으로서 전신의 혈류가 좋아지면 뇌 쪽 혈류도 좋아지고 뇌로 가는 에너지나 산소도 충분히 확보될 것이다. 뇌에는 산소가 많이 흘러가면 뇌 상태를 재충전 할 수 있을 것이다.

3. 스트레칭으로 신생 뉴론을 늘린다

일을 하고 있으면 육체나 뇌가 피로해 진다. 그럴 때는 의식적으로 기운을 회복시키는 것도 필요하다. 책상을 떠나 조금 나가서 산책이라도 하면 좋지만 책상을 떠날 수 없는 사람은 의자에 앉은 채로 스트레칭을 하면 좋을 것이다.

책상 아래 양다리를 힘 껏 뻗어보기도 하고 팔굽혀펴기를 2~3회 정도 되풀이 해보면 넓적다리, 장딴지, 뱃살 등에 힘이 굳어진 것을 알 수 있을 것이다. 힘을 가해서 어느 정도까지 근육을 뻗혀주면 근육은 풀린다. 넓적다리, 장딴지, 뱃살에는 근육섬유가 많이 있기 때문에 근육을 풀어서 체내 대사를 높인다. 대사가 높아짐으로서 성장 호르몬이 산출되기가 용이 하고 결과적으로 뇌의 신생 뉴론이 증가한다.

4. 에코노미 증후군이 되지 않기 위해서 움직인다.

　발의 스트레칭은 혈류를 좋게 하는 일에도 도움이 된다. 장시간 비행기를 타고 있는 사람이 에코노미 증후군이 되는 수가 있다.

　이것은 한참동안 몸을 움직이지 않는 것이 원인이다. 앉은 채로 발을 움직이지 않기 때문에 발 혈류가 나빠져서 혈액이 찐득찐득하고 그 피 덩어리가 폐로 들어감으로서 가슴 통증이나 호흡곤란을 일으킨다고 한다. 그것을 방지하기 위하여 수분을 보급한다거나 때때로 발의 굴신운동을 한다거나 혈액순환을 도와주는 것이 필요하다고 한다.

　사무실에 있더라도 의자에 계속 앉아 있는 사람은 비슷한 상태가 생기기 쉬운 것이니 중요한 것은 발 근육에 힘을 넣는 것이다. 뇌가 지쳤다고 생각되면 스트레칭을 해서 약간의 근육을 움직여 보자.

　　　　　　　　　~몸도 뇌도 움직이지 않으면 고정화 된다.

제9절　뇌를 신선하게 하면 마음과 몸이 풀어진다

5. 스트레칭 완화로 뇌 기능을 높힌다.

스트레칭과 같은 식으로 마사지도 몸을 이완 시키고 혈류를 좋게 하는 효과가 있다. 경제적으로 여유 있는 사람은 마사지 숍 같은 곳에 가서 프로의 마사지를 받으면 몸도 풀리고 기분 좋은 감각을 맛볼 수 있을 것이다. 일반적으로 사람은 어깨가 뭉친 것 같으면 어깨를 주무르고 발이 피곤하면 발을 온수에 담가서 마사지를 한다. 마사지나 지압은 비교적 간단히 할 수 있어서 피곤했을 때 자기 스스로 마사지 하여 피로를 푸는 생활습관을 기르면 좋다.

미국 플로리다주 · 애트랜틱 대학의 티파니 · 필드박사의 연구팀은 뇌파와 마사지 관계에 대해서 조사하였다. 필드박사는 심리적으로 낙담에 빠져 있는 평균 18.8세의 청년 30명을 피험자로 선발했다. 이들을 프로 마사지사로부터 15분간의 스웨덴식 마사지를 받게 하고 마사지 전후의 뇌파를 측정했다. 그 결과 마사지한 후에는 허탈상태로 있을 때 나타난 전두 옆 우측 뇌파 의 진폭이 현저하게 작아져 있었다.

또한 건강한 일반인들도 조사했다. 병원에서 일하고 있는 50명의 건강한 사람들에 같은 식의 스웨덴 식 마사지를 받게 하고 스트레스 변화와 계산 능력의 변화에 대하여 조사한 것이다. 스트레스를 느끼고 있을 때는 스트레스 호르몬인 코티졸이 분비된다. 입안에서도 나오기 때문에 수면 중의 스트레스 호르몬 량을 측정했더니 마사지 후는 스트레스 호르몬 량이 감소된 것을 알 수 있었다. 또한 계산 능력도 높아지고 있었다고 한다. 또한 마사지로 스트레스가 완화되고 뇌 기능이 증가 된 것을 할 수 있는 데이터라고 볼 수 있다.

6. 뇌와 몸과 마음은 하나로 이어져 있다

　마음과 몸은 밀접하게 이어져 있다고 자주 말하고 있지만 뇌와 몸도 마찬가지로 밀접하게 이어져 있다. 몸의 긴장을 풀고 몸을 이완 시키는 것은 뇌의 긴장을 풀고 뇌를 이완 시키는 것에도 이어지고 있다. 뇌가 지쳤다고 느껴졌을 때는 몸에 반드시 피로가 쌓여있는 것이다. 마사지로 몸을 풀고 몸의 긴장상태를 풀어줌으로서 뇌를 이완 시키면 좋다.

~마사지는 몸과 뇌의 긴장을 풀어준다.

7. 같은 장소에 머무르지 않는다.

　스트레스가 쌓이면 체내에 스트레스 호르몬인 코티졸이 만들어진다. 이 스트레스 호르몬인 코티졸은 뇌에 대단히 유해물질이다. 일이나 인간관계에서 스트레스가 쌓일 때 스트레스 원인을 파악해서 스트레스 호르몬을 줄여줄 필요가 있다.

스트레스가 쌓였을 때 같은 장소에 계속 있으면 기분 전환이 좀처럼 안 된다. 직장에서 스트레스가 쌓이면 직장에서 좀 떨어져 있는 것이 좋고 가정에서 스트레스가 쌓인다면 가정에서 좀 떨어지는 것이 효과적이다. 하지만 직장이나 가정을 떠나서 너무 먼 곳으로 피하는 것도 현실적이 아니다. 여기에서 스트레스로부터 일시적으로 피하기 위해서는 자유 시간을 갖는 것도 방법이다. 자유 시간의 기본은 남으로부터 방해 받지 않는 혼자만의 시간을 만드는 일이다.

  직장에서나 가정에서 항상 사람과 접하는 일이 많기 때문에 인간관계가 큰 스트레스 요인이 되는 수가 많을 것이다. 스트레스 원인이 되어 있는 인간관계에서 적은 시간이라도 떨어져 있는 것이 중요하다. 그렇게 하면 뇌 속의 스트레스 호르몬(CRH)과 몸 속의 스트레스 호르몬인 콜티 코스테론량이 차츰 줄어 뇌의 복잡한 기분이 맑아짐과 동시에 몸도 조금씩 풀어질 것이다.

  가장 간단한 방법은 가까운 화장실에 가는 것이다. 직장이나 가정에서도 화장실에 쪼그려 앉아 있을 때는 누구의 방해도 받지 않는 자기만의 시간이다. 회사에서나 가정에서 인간관계로 피곤해지면 화장실을 잘 이용하면 된다. 가능하면 밖으로 나가 산책 하는 것도 좋은 방법 중의 하나이다.

  그 외 직장에서는 비어 있는 회의실이나 자료실, 창고 같은 곳이 자유 시간을 갖는 장소로 적합할 것이다. 혼자서 회의실이나 자료실에 들어가서 잠깐 멍청하게 있어 본다. 그것만으로도 기분 전환이 되고 스트레스 원인에서 일시적이나마 떨어질 수 있는 것이다.

~좁은 곳을 나와 신선한 공기를 마시는 것은 뇌를 리프레시 한다.

8. 음악에서 행복한 기억을 다시 찾는다

　음악을 들으면 기운이 솟는 사람이 있고 음악으로 치유되는 사람도 있다. 기운이 나는 곡이나 치유되는 곡이나 뇌로 보아서는 기분 좋은 자극이 되는 것이다. 자기 기분이나 멜로디에 맞추어 곡을 듣고 있으면 음악의 힘으로 뇌의 에너지가 증폭되는 것이다.

　자신이 좋아하는 곡이면 어떤 음악이라도 뇌에 좋은 영향을 줄 것으로 생각되지만 뇌를 보다 활성화시켜 주는 것은 추억의 음악이다. 추억의 음악을 들으면 그 순간이 떠오르고 기분이 좋아질 것이다. 눈을 감고 음악을 듣고 있으면 그 당시의 풍경까지 회상이 될 것이다.

　그것은 뇌 속에 잠겨 넣어둔 기억이 되살아나는 것이다. 과거에 함께 했던 사람의 이미지를 기억하면 이미지에 관한 부분의 뇌가 활성화된다. 함께 한 사람과 나누었던 대화를 기억하면 언어에 관한 뇌가 활성화 된다. 물론 음악을 듣고 있으니까 청각에 관한 뇌도 자극이 된다. 기억을 새롭게 할 때 활성화 되는 것은 주로 우뇌이다. 옛날 기억이 되살아나는 것은 우뇌 전체가 작용하고 있다는 증거이다. 물론 기억 기능과 관계 깊은 해마도 활성화 되는 것이다.

　이처럼 추억의 곡을 듣고 있을 때에는 뇌 전체에 걸쳐 자극을 받고 있기 때문이다. 즐거웠던 추억, 행복한 상태를 뇌가 기억하기 때문에 뇌는 다시 활성화 될 것이다.

～피곤했을 때 즐거운 곡을 들어 보자. 뇌는 다시 활성화 될 것이다.

9. 가슴이 설레이는 느낌은 뇌에 상당히 좋은 영향을 미친다.

뇌에 쾌적한 상황을 만드는 것은 연애가 좋다. 독신자나 외로운 사람이 사랑의 상대를 찾는 것은 뇌에 행복감을 보급하는 가장 좋은 방법이다.

하지만 당장 좋은 사람이 눈앞에 나타나기에는 쉬운 것이 아니다. 연인이 있는 사람이나 결혼한 사람은 언제까지나 상대방에 연애 마음을 계속 품고 있으면 좋지만 사랑하는 마음을 소진한 사람도 있을 것이다.

그럴 때는 연애기분을 비슷하게 체험해서 뇌에 좋은 호르몬을 흘려보내는 것도 좋다.

가장 손쉬운 것은 연애소설을 읽는 것도 좋고 순정만화를 읽는 것도 좋다. 소설이나 만화의 주인공에 공감하여 가슴이 설레게 해서 눈물을 흘릴 수 있다면 평소와 다른 자극을 뇌에 줄 수 있다.

연애소설 아닌 가족소설 같은 것도 좋다. 가족사랑 같은 것이 그려져 눈물이 나는 장면 같은 것도 많이 있을 것이다.

～연애소설을 읽고 뇌를 긴장에서 풀어주자.

10. 감동은 행복한 뇌의 영양분이다.

　뇌를 재충전하기 위해서는 놀이와 레저도 필요하다. 놀이나 레저에는 안티스트레스 효과가 있다. 일의 스트레스를 잊기 위해서는 재미있게 놀아야 한다. 친구들과 술을 마시기도 하고 노래방에서 함께 노래를 부르는 것으로도 상당히 스트레스가 해소되는 효과가 있다.

　뇌의 프로세스는 여러 가지 행동을 하지 못한다. 한 가지를 생각하고 있을 때는 다른 것은 생각할 수 없는 것이다. 일 때문에 스트레스가 많은 사람은 일에 관한 뇌를 많이 쓰고 있지만 그 부분의 뇌를 쉬게 하기 위해서는 다른 부위의 뇌를 쓰는 것도 유효하다. 노는 것에 뇌를 써버리면 뇌는 일을 생각할 여유가 없어진다. 즉 노는 일에 몰두하기 시작하면 노는 뇌가 작용하기 시작하기 때문에 일하는 뇌는 휴식에 들어가는 것이다. 그러니 일에 관한 것은 잊어버리게 되어 안티스트레스 효과가 생겨나는 것이다.

　적당한 레저로서는 영화나 연극을 보는 것, 미술관에 가는 것도 좋다. 이 같은 예술체험 활동은 마음을 감동시켜 준다. 영화나 그림을 보고 감동하고 있을 때 뇌는 상당히 활발히 활동한다. 예술에서 감동적인 기분을 맛보면 뇌로서는 대단히 좋은 효과가 있는 것이다.

　대체로 뇌의 활동은 생각할 필요도 없이 감동이 많은 인생이란 행복한 인생이라 말할 수 있을 것이다. 감동은 평소에 갖고 있는 스트레스를 잊을 수게 만든다. 행복한 뇌와 감동은 끊을 수 없는 관계이다.

집안에 들어 앉아 가만히 있는 것만으로는 많은 감동을 얻을 수 없다. 여러 가지 감동을 찾아 적극적으로 움직여 보는 것이 중요하다.

~"놀이" 나 "레저"로 뇌의 스트레스를 제거하자.

11. 먹는 것에도 행복을 증대 한다

맛있는 것을 먹고 있을 때에는 작은 행복감을 느끼는 사람이 많을 것이다. 먹고 싶은 음식이나 연인이 만든 가정요리 같은 것은 행복을 느낄 수 있기에 충분하다. 맛있는 것을 먹고 있을 때는 일시적으로 평상시에 하고 있는 잡일을 잊어버릴 수 있다. 맛이나 냄새 같은 것, 맛을 느끼는 것으로 뇌가 모두 가동하고 있기 때문에 다른 것은 머리에 들어오지 못하는 것이다.

식사시간은 행복감을 느낄 수 있는 시간인 동시에 일 때문에 지친 뇌를 신선하게 만든다. 그러니 식사는 언제나 즐기는 편이 좋다.

가장 나쁜 것은 공복을 채우기 위한 식사이다. 일하는 사이에 일을 생각하면서 먹고 있을 때에는 식사의 맛을 충분히 즐기지 못한다. 먹는 것은 잊어버리고 머리는 일에 관하여 작용을 한다. 이렇게 되면 뇌는 휴식을 갖지 못하게 된다.

식사할 때에는 먹는 것에만 뇌를 집중하는 환경을 만드는 편이 좋다. 그렇기 위해서 향도 좋고 맛있는 음식을 먹어야 한다. 그러면 의식하지 않더라도 맛에 마음을 빼앗겨 다른 것은 생각지 않게 된다. 인간의 뇌는 먹는 기쁨, 먹는 행복이 본능으로 가장 충족되는 것이다.

스스로 맛있는 식사를 만들어 보는 것도 작은 행복감을 느끼는 좋은 방법이다. 지금부터 맛있는 것을 먹을 것이라는 설레임이 머리에 가득 차있을 때 다른 것은 의식하지 않게 되는 것이다.

12. 요리를 만들어 5감을 자극한다

요리를 할 때 뇌 전체가 활성화 하는데 이는 오감을 작용시켜서 만들고 있을 것이다.

향기를 맡으면서 맛을 보면 보다 맛있게 만들 수 있다. 보기도 깨끗하고 먹음직스럽게 하려고 연구할 것이다. 급한 감정 때문에 손으로 확인한다거나 음식이 끓는 소리를 들으면서 익어가는 상태를 판단하는 일도 있을 것이다.

순간적으로 청각, 후각, 미각 등 모든 뇌 기능을 작동시키고 있는 것이다. 게다가 요리를 하는 순서를 생각하면서 만들기 때문에 논리적인 사고의 뇌도 작동시킨다.

그래서 요리는 뇌 전체를 활용하는 종합적인 창작활동이라 할 수 있다. 산업제품이나 예술작품 같은 것을 만들 때에는 시각, 후각, 청각 등의 뇌를 사용하겠지만 미각이나 후각은 잘 사용하지 않을 것이다.

요리를 하는 것은 감성을 관장하는 부분을 거의 활동하게 될 것이다. 요리하는 것은 뇌의 활성화를 위해서도 권장할 방법이다.

~오감을 풀 활동시키자.

13. 여행으로 공감 뉴론을 훈련한다

뇌를 재충전하기 위해서 여행도 효과적이다. 여행에는 두 가지 효과가 있다. 하나는 스트레스 원인에서 멀리 떨어지는 것 또 하나는 여행지에서 좋은 자극을 많이 받을 수 있는 것이다.

여행을 하면 일상의 잡일이나 스트레스는 자연히 머리에서 떠날 것이다. 스트레스를 해소하지 않더라도 가급적 긴 날짜로 멀리 여행하는 것이 좋다. 시간적으로나 물리적으로 스트레스 원인에서 멀어지고 자연히 스트레스가 해소되기 때문이다.

주말여행보다 휴가를 얻어 1주일 이상 장기여행이 보다 스트레스해소에 좋을 것이다. 또한 국내여행 보다 해외여행을 한다면 환경이 바뀌어 평소의 일을 잊어버릴 수 있을 것이다.

언어가 다른 나라로 여행을 하면 뇌의 언어영역도 자극을 받게 된다. 현지에서 만나는 사람들의 몸짓의 대화에서 사이좋게 되는 것도 뇌의 공감 뉴론이 활발히 움직일 것이다. 또한 즐겁고 기쁜 느낌과 같은 여행 감정도 생긴다. 아름다운 풍경이나 감동을 기억하려고 기억을 관장하는 해마도 많은 자극을 받는다.

여행을 한 후에 사람들이 그곳에서 자극을 받아 새로운 사업을 구상하거나 새로운 연구를 시작하는 일이 흔히 있다. 여행으로 뇌 전체가 자극을 받아 새로운 것을 시작할 수 있는 것이다. 이 같이 여행은 동기부여를 높이게 되어 어떤 역할도 다시 시작할 수 있는 것이다.

~언어는 사람과의 커뮤니케이션에 중요하다.

14. 뇌는 두 가지 것을 동시에 생각할 수 없다

자신이 갖고 있는 싫은 기억을 제거하고 싶은 사람이 적지 않을 것이다. 확실히 싫은 기억은 한시이라도 빨리 지워버리고 싶을 것이다. 그 중에는 싫은 기억이 심각한 상태로 된 사람도 있다. 뇌 과학적으로 말하면 트라우마를 상기하면 상기할수록 해마를 통하여 재차 그것이 기억되어 기억이 정착해 버린다. 심각한 트라우마를 제거하기 위해서 심리학적인 해결수법이 필요로 하는지도 모른다. 뇌 과학의 견지에서 말하면 싫은 기억을 지우기 위해서는 기억하는 기회를 줄이든지 기억될 것 같으면 생각을 정지시킬 필요가 있다.

예를 들면 가족사진이나 연인사진을 갖고 다니면서 싫은 생각이 떠오르면 곧 그것을 본다. 귀여운 강아지 사진 같은 것도 좋고 자신에게 있어서 좋았던 추억을 되살리는 훈련도 좋다. 뇌는 두 가지 것을 동시에 생각하는 능력이 약하니까 좋은 이미지 것을 생각하기 시작하면 싫은 기억을 보존하고 있는 뉴런은 활동이 약해진다. 이 같은 방식으로 일시적일지라도 싫은 기억을 떠오르게 하지 않는 것이 좋다.

15. 나쁜 시냅스를 퇴화 시킨다

　기억은 회상하면 할수록 뉴론과 뉴론 사이의 시냅스가 진화하여 마음대로 정보 전달의 효율을 높여 버린다. 반대로 기억을 되살리는 기회를 줄이면 뉴론은 시냅스를 퇴화시켜 정보전달 효율을 나쁘게 한다.

　뉴론에 남아 있는 싫은 기억을 불러일으키지 않기 위해서는 되살리는 기회를 줄여서 시냅스를 퇴화시킬 수밖에 없다. 트라우마를 지우기 위해서는 신생 뉴론을 많이 길러 주는 것도 효과적하다. 새로운 뉴론에는 정보 전달을 줄이는 힘도 있으니까 싫은 기억의 정보전달을 억제해 주는 것도 가능하다.

　어느 것이든 의식적으로 기억할 기회를 줄이는 것이 중요하다. 트라우마 대책으로서는 사고 정지 작전이 가장 이치에 맞는 것으로 생각한다.

　그러나 생각을 정지시키는 일은 간단한 것이 아니다. 다른 것을 생각함으로서 싫은 이미지의 사고를 방해하는 것도 좋을 것이다. 싫은 기억을 되풀이해서 상기해 버리는 사람이나 트라우마가 있는 사람은 항상 되받아 바꿔 버리는 자료 즉, 추억의 음악이나 가족사진을 갖고 다니는 것이 좋다.

～즐거웠던 것을 뇌에 강하게 인풋하자.

제 10 절

수면

1. 불면은 뇌에 피해를 준다.

　행복한 뇌를 만들기 위해서는 뇌에 많은 애정을 기울려 주는 것이 중요하다. 뇌가 최대의 애정을 느끼는 것은 수면이다. 행복한 뇌를 만들고자 한다면 뇌를 충분히 쉬게 해야 한다.

　일반적으로 수면은 몸을 쉬게 한다고 생각하고 있지만 뇌를 쉬게 하기 위하여 수면이 있다. 이불 속에 들어 누워 있는 편이 좋다. 몸의 피로는 풀리지 않을지 모르지만 뇌는 적게나마 휴식이 되었을 것이다. 뇌를 쉬게 하기 위해서는 일부러라도 자는 것이 필요하다.

　수면을 취하지 않는 것이 뇌에 얼마나 나쁜 영향을 끼치는지 스스로 체험에서 알고 있다. 철야를 하더라도 하루쯤은 괜찮다는 사람도 있지만 그것은 뇌가 흥분상태로 되어 있기 때문이지 그 이상 수면하지 않고 있으면 두뇌의 활력은 급격히 떨어지고 만다.

쥐를 실험한 결과 72시간 자지 않고 있으면 해마 뉴론의 가소성은 거의 제로로 되어 버렸다. 해마의 활력 또한 현저하게 떨어졌다. 해마의 전기적인 활동도 스파이크 수도 줄어들었다.

인간과 쥐는 필요한 수면시간도 다르고 여향의 전도도 다르지만 불면한 때의 뇌의 활동이 급격히 저하 되는 상황은 다를 것이 없다. 캘리포니아 대학의 신.듈몬드박사 등의 연구에 의하면 인간은 하루 밤 정도 수면이 없으면 간단한 더하기와 빼기 같은 계산조차도 쉽게 하지 못한다는 연구 결과가 있었다. 언어 학습도 이상해지기 시작한다고 연구되었다. 해마 활동이 떨어지기 때문에 기본적인 능력인 읽고 쓰는 계산이 모두 불안전해진다고 한다. 물론 그 이상 고도의 뇌 활동은 더욱 어려워지고 철야하면 그만큼 뇌에 대한 대미지가 커진다는 것이다.

반대로 8시간 쯤 자면 해마활동이 활발해지고 뇌에는 대단히 좋은 효과가 있다는 것을 말하고 있다. 수면 부족일 때의 두뇌는 잘 활동해주지 않는다. 그럴 때는 뇌를 활성화 시킨다고 해서 큰 성과가 오르지 않는다. 수면은 뇌에 있어서 필요불가결한 것이니까 일정시간 이상은 반드시 자도록 하자.

~ 6~8시간은 수면을 취하자

2. 밤의 수면부족은 낮잠으로 보충하자

　설령 수면시간이 5시간 밖에 되지 않더라도 매일 같은 시간에 자고 같은 시간에 일어나는 리듬을 잘 지키면 뇌는 차츰 그에 순응해져서 주어진 조건에서 최대한의 힘을 쓰게 한다.　그러나 같은 5시간 수면이라도 매일 불규칙하게 수면을 취하면 뇌는 그 리듬에 순응하지 못하고 힘을 발휘할 수 없을 가능성이 높은 것이다.

　리듬이 무너지더라도 크게 신경 쓸 것은 아니다. 참을 수 없을 정도로 졸리면 잠깐 낮잠을 자면 된다. 낮잠을 자면 뇌는 재충전되어 다시 상쾌한 상태를 유지할 수 있게 된다.

~수면시간 만은 신경을 날카롭게 하지 말자

3. 자고 있을 때에 뇌 안으로 영양이 골고루 널리 퍼진다.

　자고 있을 때에는 뇌는 쉬고 있는 것이다. 하지만 전혀 아무것도 하지 않는 것은 아니다. 뇌는 수면 중에도 여러 가지 활동을 해 준다. 가장 중요한 일은 뇌 세포의 신진대사를 촉진하고 뇌를 조정하는 일이다.

　수면 중에 인간의 몸은 세포의 재생에 필요한 단백질을 합성하고 성장호르몬, 성 호르몬 등도 분비하고 있다. 자는 동안에 신진대사가 활발해져서 몸 세포를 수복하고 기능을 회복시키고 있는 것이다.

자고 있는 동안에는 몸 세포의 신진대사도 높아지지만, 동시에 뇌의 신진대사도 높아진다.

깨어 있을 때는 혈액 속의 영양이 몸의 각 기관 운동 에너지로서 쓰고 있지만 자고 있을 때는 그 필요성이 줄게 되므로 뇌로 영양이 많이 미치게 된다. 사실은 수면 상태가 뇌세포 증식에 가장 좋은 시간인 것이다.

4. 수면으로 신생 뉴론을 기른다.

뇌세포의 신진대사가 진행되고 세포가 증식한다는 것은 새로운 뇌 신경세포인 신생 뉴론이 생긴다는 것이다. 이 신생 뉴론은 스트레스 호르몬을 억제하고 우울 상태에서 해방시켜 준다.

일상생활에서 행복감을 높이는 것은 뇌세포의 신진대사를 촉진해서 보다 많은 신생 뉴론을 낳게 하는 것이 필요하다고 할 것이다.

이 같은 신생 뉴론은 파괴되기 쉬운 성질을 갖고 있고 소중히 다루지 않으면 죽어 버린다. 신생 뉴론이 성숙한 뉴론으로 자라게 하기까지는 대개 2주~4주쯤 시간이 소요된다. 그 사이에 영양을 많이 주지 못하면 성숙한 뉴론으로 자라지 못한다.

뇌에 영양을 가장 많이 보낼 수 있는 것은 수면 중이다 때문에 세포증식에 보다 많은 신생뉴론을 낳게 하기 위해서 또한 신생 뉴론을 어른 뉴론으로 길러 내기 위해서도 수면은 중요한 것이다.

오랜 수면 후 잠에서 깨어나면 상쾌한 기분을 느낄 수가 있다. 충분한 잠은 행복한 기분으로 전환 되어 하루를 즐겁게 시작할 수 있는 것이다. 이렇게 재충전 된 뇌는 하루 종일 활동 하는데 크게 도움이 된다.

~수면은 뇌와 몸의 기능을 수복하고 성장시킨다.

5. 기억을 정착시키는 장치는 수면이다.

시험 기간이 다가오면 철야해서라도 암기 하려는 사람이 있다. 그러나 수면 시간을 줄이면 기억력을 위해서는 오히려 좋지 않다. 왜냐하면 기억을 정착시키기 위하여 수면이 중요한 역할을 다하고 있기 때문이다.

수면에는 REM 수면과 NON-REM 수면의 2종류가 있다. 꿈을 꾸고 있을 때의 얕은 잠은 REM수면이고, 꿈을 꾸지 않은 깊은 잠은 NON-REM 이다.

수면 중에는 이 REM수면과 NON-REM수면이 주기적으로 찾아오는 것이다. 졸고 있으면 처음에는 아직 뇌 회로가 활동하고 있기 때문에 현실인지 꿈인지 구별이 안 되는 꿈을 꾼다거나 하면서 잠으로 빠져들어 간다.

이윽고 깊은 잠에 들어가서 첫 번째의 NON-REM수면이 찾아든다. NON-REM수면은 깊은 수면이기 때문에 뇌 회로는 거의 활동하지 않는다. 뇌가 푹 쉬고 있는 상태로 꿈을 꾸지도 안는다.

이윽고 또 좀 잠이 얕아지면 뇌 회로의 활동이 시작되어 꿈을 꾼다. 꿈을 꾸면서 최근 생긴 갖가지 일과 공부한 것, 학습한 것이 뇌 속을 돌아다녀 정보로서 기억할 준비가 되어 있는 것 같다. 얼마동안 지나면 다시 NON-REM수면이 찾아오는 것이다.

깊은 잠의 NON-REM수면일 때는 대단히 큰 신진대사가 생겨서 신경세포구조가 변하고 정보의 고쳐 쓰기가 생기는 것이다. 한편 얕은 잠이 REM수면일 때에는 뇌가 활동 중이니까 그다지 큰 신진대사는 생기지 않는다. 그 대신 뇌가 활동하면서 머리 속에 있는 기억을 정리해 준다.

이처럼 NON-REM수면과 REM수면의 양쪽이 주기적으로 반복되어 뇌 속에 기억이 정착해 가는 구조로 되어 있는 것이다.

6. 수면이 기억을 정착시킨다.

    8시간 수면의 경우는 이 양쪽 수면의 사이클(1~2시간 주기)이 5회쯤 찾아오지만 수면시간이 줄면 이 사이클 횟수도 줄어 버린다. 기억 정착도 약해지고 뇌 회로의 회복도 충분히 이룰 수 없다. 적당한 수면시간이 필요한 것은 이 때문이다.

    뇌의 구조로 보아서는 열심히 공부한 후에 잘 자는 편이 기억이 정착해서 끌어내기 쉬워진다. 이에 대하여 벼락치기 공부의 경우에는 이튿 날의 기억은 이끌어 낼 수 있지만 며칠이 지나면 아득히 먼 곳으로 기억이 사라져 버린다. 수면 부족 때문에 기억이 뇌에 고정될 기회가 박탈당했기 때문이다.

    이튿 날까지만 외어두고 있으면 된다고 하는 단기기억의 경우는 수면이 그다지 필요하지 않겠지만 반년 뒤의 본 시험까지 외워두어야 할 장기 기억을 필요로 하는 경우에는 공부한 후 반드시 잘 자는 것이 필요하다.

~뇌는 수면학습(기억정착)을 한다.

7. 어려운 문제는 잠으로 해결 한다

　최근 연구에서는 잘 자는 편이 영감이 잘 떠오른다는 데이터도 나왔다. 독일의 류벡대학의 연구팀은 영감과 수면과의 관계에 대하여 연구하고 그 결과를 2004년에 발표하였다. 먼저 대상자 전원에게 영감을 필요로 하는 수수께끼를 풀도록 했다. 그것을 풀지 못한 사람들을 몇 개 그룹으로 나누어서 같은 퍼즐에 재도전하게 된다.

　첫째 그룹은 퍼즐을 풀지 못한 후 8시간 수면을 취하게 한 뒤에 재도전하게 했다. 두 번째 그룹은 퍼즐을 풀지 못한 뒤 저녁에 8시간 깨어 있는 상태에서 퍼즐에 재도전도록 했다. 세 번째 그룹은 퍼즐을 풀지 못한 채 낮에 8시간 깨어 있는 상태에서 퍼즐에 재도전도록 했다.

　이 세 그룹을 비교해 보니 재도전에서 퍼즐의 규칙성을 찾아내고 퍼즐을 푼 사람은 제1그룹에서 6할 정도가 약한 것에 비하여 제2, 제3 그룹에서는 같이 2할 정도 강한 것으로 나타났다고 수면을 취한 사람들 쪽이 배 이상 비율로 퍼즐을 푸는 영감이 생겨난 것이다.

　이 결과에서 추측할 수 있는 것은 어떤 문제를 푸는데 풀어지지 않을 때에는 그 후 수면을 잘 취하는 편이 영감이 생겨서 문제를 풀 수 있는 가능성이 높다는 것이다.

　이 연구 그룹에서는 수면 전에 축적된 문제의 기억이 수면 중에 재활성화 되어서 기억으로 정리되는 프로세스로 기존지식과 기억이 상호작용해서 영감이 촉진된 것이라고 추측하고 있다.

8. 영감을 낳기 위해서는 잘 자는 것이다.

　어려운 문제를 생각할 때나 아이디어 혹은 영감을 필요로 할 때에는 생각하면서 잠을 취하는 것이 좋다. 그렇게 하면 뇌가 문제를 풀어줄 가능성이 있다는 것이다. 뇌에 과제를 주입해 놓으면 뒤에는 뇌의 힘에 맡겨 버리자. 반드시 뇌가 문제를 풀어준다.

　과제를 풀지 못하면 언제까지나 초조감이 계속되지만 과제가 풀렸을 때는 최고의 기분이 된다. 어려운 과제일수록 기분이 상쾌해서 밝은 기분이 될 것이다.

　뇌는 어려운 과제를 생각하고 있을 때 커다란 스트레스 상태가 되지만 과제가 해결된 순간부터 편해져서 급속히 활동이 저하된다. 강한 스트레스 상태에서 해방감은 뇌로서는 큰 행복감으로 변한다.

　뇌를 기쁘게 해주기 위해서는 과제를 풀 가능성이 높아지는 수면을 충분히 취하는 일이다.

~뇌는 슈퍼 컴퓨터를 능가한다.

9. 뇌의 흥분상태를 낮춘다.

불안이나 스트레스 상태에 있을 때에는 뇌가 흥분상태이고 뉴론이 끊임없이 신호를 계속 내고 있는 것이다. 머리가 지저분해져서 초조한 상태다. 이럴 때에 수면을 취하고 싶어도 어려울 것이다.

수면이란 뇌의 활동을 조금 낮추어주면 꾸벅꾸벅 졸게 된다. 스포츠 선수는 다음날 큰 시합이 있으면 좀처럼 잠을 이룰 수 없다고 한다. 다음 날 큰 대전이 있는 바둑기사도 마찬가지로 잠을 이룰 수 없다고 한다.

우리들도 즐거운 여행을 가는 전날에는 뇌가 흥분해서 잠을 잘 수 없는 경우가 있다. 그 같은 특별한 날은 하루쯤 자지 않아도 되겠지만 평소에 뇌의 흥분상태를 낮추어주는 것도 중요하다.

10. 쾌적한 수면을 취하기 위한 방법이란

뇌를 이완 시켜 불안이나 화난 대상을 잊으면 좋겠지만 현실적으로는 간단한 것이 아니다.

뇌는 두 가지 이상을 동시에 행하는 것은 매우 어렵다. 쾌적한 수면을 위해서는 뇌를 편히 쉬게 하는 것인데 생각이 많으면 수면조차 어렵다. 수면을 위해서는 우선 잡념을 없애야 한다. 잡념을 없애기 위해서는 즐겁게 읽을 수 있는 책을 읽거나 좋아하는 음악을 듣는 것이다. 이는 뇌의 다른 부분이 활동하게 되어 자신이 생각한 일을 일시적으로 중단시켜 줄 가능성이 있다.

또 자기 전에 마사지나 스트레칭을 하거나 해서 몸과 뇌를 이완 시키는 것도 효과가 있을 것이다. 목욕이나 샤워는 미지근한 물이 효과가 있는 것 같다. 하지만 자기 전에 목욕을 하면 잠이 깨는 사람도 있고 마사지나 스트레칭으로 잠이 깨는 사람도 있다. 개인차가 있으니까 어디까지나 시험해 보고 잘되면 실행해 보는 것이 좋을 것이다.

하지만 가급적 스트레스 대상이 되는 것을 생각하지 말 것이며 가급적 몸을 이완 할 수 있게 한다면 수면으로 들어가기 쉬울 것이다. 뇌가 흥분하고 있으면 사람은 잠들지 못하게 된다.

11. 뇌를 쉬기 위한 구체적 방법이란

잠 못 이루는 사람은 자기 위하여 뭔가를 마시는 것도 효과가 있을 수 있다. 가장 손 쉬운 것은 술이다.

과음은 나쁘지만 적당한 알콜을 마시면 스트레스도 발산되고 기분도 어느 정도 좋아져 수면을 할 수 있는 가능성이 높아질 것이다. 알콜은 뇌의 흥분을 억제하는 GABA 수용체에 영향을 가져올 수 있어서 일정한 이완 효과가 있다. 집에서 혼자 마셔도 되지만 가족이나 연인, 친구들과 이야기하면 서 마시면 더욱 이완 될 것이라 생각된다.

또 차를 마시는 것도 어느 정도 효과가 있을 수 있다. 차 속에 포함된 테아닌 성분에는 혈압을 낮추는 역할이 있는 것도 증명되어 있다. 혈압은 수면에 미치는 영향도 크니까 잠들지 않을 때에는 몸에 다소의 변화를 주기 위하여 차를 마셔 보는 것도 좋을 것이다.

단 차 속에는 카페인도 포함되어 있으니 각성효과가 높아질 가능성도 있다. 차의 과학적인 효과를 기대하는 것이 아니고 차를 마셔서 기분을 전환하는 정도로 마시는 편이 좋다.

그래도 잠들지 않을 때는 흥분을 억제하기 위해 서플리먼트를 마셔 보는 것도 좋을 것이다. 서플리먼트로서는 GABA나 타우린을 함유한 것으로 수면에 도움이 된다. GABA나 타우린에는 뉴론의 전기 신호를 억제하는 역할이 있기 때문이다.

12. 수면 리듬을 조정하는 멜라트닌

미국 슈퍼에서는 멜라트닌이라는 물질을 사용한 서플리먼트에 가까운 수면 약을 팔고 있다. 멜라트닌은 시차, 치매방지 등으로 자주 이용되고 있고 수면 리듬을 조정하는데도 도움이 된다고 한다. 멜라트닌이 많이 함유된 우유도 시판되고 있다.

여러 가지 연구를 해봐도 아무래도 수면장애가 있는 사람은 의사 처방을 받아 수면유도제를 쓰는 것도 하나의 방법일 것이다.

부작용에 신경이 쓰겠지만 수면 효과가 있으니 최후 수단으로 쓰는 것도 괜찮을 것이다.

또 수면 전에 너무 과식해 버리면 수면으로서는 역효과가 날 우려도 있다. 적게 먹는 것은 소화와 혈액 순환에 촉진되지만 과식은 수면에 대한 나쁜 영향을 갖고 올 수 있는 가능성이 있다.

충분한 수면을 취하지 못한 사람은 비만 위험을 높이는 과식이 더 많다는 연구결과가 샌디에이고에서 열린 미국심장학회에서 발표됐다. 미국 메이요 클리닉의 비렌드 서머스연구팀은 17명의 건강한 젊은 남녀 17명을 정상적 수면을 취한 그룹과 정상 수면 시간의 2/3를 취한 그룹을 분리해 8일 밤을 연구했다. 참가자들은 연구 기간 동안 원하는 만큼 먹게 했다.

연구결과 매일 통제 그룹보다 1시간 20분 수면이 부족한 그룹은 매일 평균 549칼로리를 더 섭취했다. 신체 활동에 사용된 에너지 양은 그룹 사이에 의미 있는 변화가 없었다. 연구에서 수면 부족은 과식의 원인보다는 렙틴 증가와 그렐린 감소 등 먹는 것과 관련된 호르몬 변화와 연관이 있다는 것을 발견했다.

이는 수면 부족이 과식을 부른다는 것을 보여주는 것으로 다이어트를 하는 사람은 유념해야 할 것이다.

~자기 전에는 식사를 억제하고 소량의 술이나 차를 마시자

13. 화를 내는 일이나 불안은 수면의 큰 적이다.

취침 전에 이불 속에서 가만히 있으면 여러 가지 생각날 때가 있다. 회사에서 있었던 기분 나쁜 일이 떠오르거나 잘 지냈던 연인에게 전화가 오지 않는 것에 대한 불안이 떠오를 수 있다. 생각하기 시작하면 더욱 잠들지 못하게 된다. 그럴 때는 생각을 중지시키는 뜻에서도 즐거운 일을 생각하도록 마음을 바꾸어 보는 것이 좋다. 기분 좋은 수면을 위하여 매일 밤 자기 전에는 반드시 즐거운 생각을 떠오르게 하는 것이 몸에 좋다. 즐거웠던 일이나 보람 있는 일을 떠올려 기쁜 상태로 잠을 자는 것이다. 나쁜 생각 보다는 좋은 생각을 하는 것이 수면을 취하는데 도움이 된다.

자기 전에 자기 꿈이나 희망을 반복해 보는 것도 좋다. 누구와 결혼을 하고 싶고, 해변이 보이는 언덕에 집을 짓고 싶고, 멋진 오픈카를 장만해서 여행을 다니고 싶다는 것 등등 자신의 꿈을 떠올렸다가 자면 꿈이 실현된 상태를 이미지하면서 기분 좋게 잠을 잘 수 있다.

행복한 기분을 떠올리면서 수면을 취하는 것이 뇌가 행복한 상태로 만들기 쉽다.

다음날 잠을 깨면 가장 먼저 즐거운 것을 떠올려 보는 것도 효과가 있다. 하루를 좋은 기분으로 출발한다면 그 하루는 보람이 있을 것이다. 그날 밤 잠들기 전에 즐거운 것을 떠올려서 즐거운 기분으로 수면한다.

아침에 일어나면 즐거운 것을 떠올려서 즐거운 기분으로 잠을 깬다. 이렇게 해서 수면 전후에 즐거운 것을 떠올려서 수면을 즐겁게 만드는 것이다. 그렇게 하면 수면도 쾌적해지고 일어나고 나서 하루의 힘도 달라질 것이 분명하다.

~즐거운 추억은 사람을 릴랙스 시켜준다.

14. 낮잠에서 꿈을 꾼다.

하버드대학 심리학 교실의 사라 메드닉 박사는 기억과 낮잠의 효과에 대한 연구를 계속하고 있다. 메드닉 박사는 학생들로부터 자원봉사자를 모집하여 낮잠을 자는 그룹과 낮잠을 자지 않는 그룹으로 나누어 기억력 테스트 결과를 조사해 보았다.

그에 의하면 기억력 테스트 성적은 낮잠을 자지 않는 그룹에서는 오전 9시 쯤이 가장 좋은 결과가 나왔고 그 후는 서서히 기억력이 떨어져 저녁때 밤이 될 수록 테스트 결과는 매우 저하되어 갔다고 한다.

그런데 오후 2시부터 20분간 낮잠을 잔 그룹은 낮 이후에도 기억력이 거의 떨어지지 않았다고 한다. 이것은 낮잠이 기억력에 큰 영향을 주고 있다는 것을 시사하고 있는 것이다. 메드닉 박사는 낮잠 동안에 뇌세포의 성장을 촉진하는 물질이 보충되고 있기 때문이라고 고찰하고 있다.

메드닉 박사는 그 후 더욱 연구를 진행해서 낮잠 중에 꿈을 꾸고 있을 때

(REM수면)와 꿈을 꾸지 않을 때(NON-REN수면)의 차이도 조사했다. 그에 의하면 낮잠 중에 꿈을 꾼 케이스에서는 아침 9시의 기억력보다도 밤 7시의 기억력 쪽이 더욱 높았다고 한다. 짧은 낮잠에서나 긴 낮잠은 그다지 변함이 없었다고 한다.

낮잠을 잔 후에는 머리가 상쾌해졌다는 경험을 가진 사람이 많다. 머리가 상쾌해지면 생산적인 일이나 창조적인 일을 할 수 있고 초조한 마음도 줄어서 남에게도 부드럽게 접할 수 있을 것이다. 일하는데도 대인관계에서도 낮잠의 효과는 클 것이다. 게다가 기억력이 높아질 가능성도 있는 것이다.

낮잠은 수면리듬을 다시 맞추는 뜻에서도 효과적이다. 낮에 수면을 보충해서 불규칙하게 된 밤 수면 리듬을 조절해 줄 수도 있다. 리듬을 조정하면 밤 수면에도 좋은 영향을 줄 것이다.

~낮잠은 머리를 맑게해 준다.

15. 뇌에는 적당한 잠을 공급

　일하는 동안에 뇌가 잘 작동하지 않을 때는 일을 중지하고 뇌를 쉬게 하는 것을 권하고 싶다. 생활태도가 너무나도 지나치게 좋은 상태로 있게 되면 뇌는 지쳐버리고 만다. 가끔 뇌를 쉬게 할 필요가 있다.

　잘 돌지 않은 뇌를 쓰면 잘 되는 일은 별로 없다. 뇌가 잘돌지 않으면 일에 게으름을 피워 수면을 취해 뇌를 쉬게 해 주는 것이 필요하다. 잠깐의 잠을 취한 뒤에 일어나서 일의 생산성을 높이면 하루 생산성은 더 높을 것이다.

　인간은 언제나 좋은 상태로 유지한다는 것은 무리다. 언제나 좋게만 한다면 몸도 마음도 뇌도 지치고 만다. 다소의 불성실함이 갑자기 태도를 바꾸어 대담하게 나오는 자세도 뇌를 쉬게 하기 위해서는 중요하다.

~뇌도 더 많이 귀여워해 주자.

제 11 절

사는 보람

~뇌는 감동하면 의욕이 오른다

1. 행복감을 높이는 요령

행복한 뇌에 있어서 가장 중요한 영양의 한 가지는 즐거운 삶이다. 사는 보람은 행복한 뇌를 만들고 행복한 뇌가 만들어지면 작은 것에도 사는 보람을 느끼게 되며 행복감은 더욱 높아진다.

사는 보람을 느끼기 쉬운 사람과 느끼기 어려운 사람에게는 뇌 속에 차이가 있다. 사는 보람을 느끼기 쉬운 사람에게는 뇌 안에 세로토닌이라는 물질이 많이 만들어지고 있지만 사는 보람을 느끼기 어려운 사람은 세로토닌 양이 적다. 세로토닌은 신경전달 물질의 하나로 정신을 안정시키고 우울을 억제하는 효과를 갖고 있다고 생각하고 있다.

사는 보람을 갖는 방법은 여러 가지 있지만 꿈이나 목표를 갖는 것도 매우 유효한 방법이다. 작은 목표라도 좋으니 어떤 목표를 갖도록 해야 할 것이다. 목표는 우뇌에 이미지로 축적되고 이 이미지에 가까이 갈 수 있도록 뇌가 자연히 명령을 내리고 있기 때문이다. 목표에 조금씩 가까워진다는 실감이 사는 보람으로 이어지는 것이다.

2. 목표는 먼저 종이에 써 본다.

목표라는 것은 자기 머리 속에 떠올리는 것으로 끝내는 것보다 종이에 써 보는 것과 남에게 선언한다거나 하는 편이 실현하기 쉽다고 한다. 목표를 쓴 종이를 몇 번씩이나 다시 보고 목표를 몇 번이고 남에게 말하고 있으면 뇌 속에 기억으로 남고 뇌에 새기게 된다. 그것이 짧은 시간에 자신의 결단에 영향을 끼쳐 목표에 가까워지는 선택을 해주는 것이다.

회사의 연구원들에게 매년 종이에 목표를 쓰라고 하면 연구원들은 시간이 흐를수록 목표에 가까워지고 있는 것을 알게 될 것이다. 연구 책임자는 가끔 연구원들의 목표를 점검하면 그 목표는 꼭 달성할 것이다. 목표를 쓰고 그 목표를 꼭 달성하겠다는 다짐이 있으면 본인 스스로 용기가 생길 것이다.

목표가 점점 가까워지면 뇌의 어딘가에 기억하고 있고 행복한 회로가 그것에 접근해 주는 것이라고 생각하면 된다. 괴테는 상상할 수 있다면 시작하라고 했다. 상상할 수 있는 것은 실현 가능한 것이다. 시작하는 것이 좋은 것이고 그 전에 목표를 쓰는 것을 잊지 말아야 한다.

~꿈이나 목표가 "행복한 뇌"를 만든다.

3. 실패도 뇌의 학습이 된다.

　도전하는 것도 뇌에 대한 중요한 자극이 되고 보람 있는 삶이 향상한다. 가능한 한 여러 가지 일에 도전하면 좋다. 단 미리 알아야 할 것은 도전에는 실패가 따른다는 것이다. 도전을 해도 많은 경우 실패 한다. 아무거나 성공시키려고 생각하면 한 가지도 도전 못하고 제 자리에 있게 된다. 도전은 과감한 정신자세가 필요하다. 실패를 하더라도 배움의 자세가 있다면 도전정신은 높이 살만한 것이다.

　예상한 대로 안 되었을 때 그 실패를 곰곰이 살펴보면 성공으로 이어지는 경우를 발견되하도 하고 새로운 비지니스가 발견되기도 한다. 그런 뜻에서는 실패를 두려워하기 보다는 실패했을 더욱 더욱 발전이 있었다고 생각하면 된다. 언제나 새로운 것에 적극적이고 과감하게 도전하는 것이 좋다.

　이런 도전정신이 보람 있는 삶이다. 연구하는 자가 아니더라도 회사에서 새로운 프로젝트를 참여하거나 새로운 기획을 시도하는 경우에는 도전을 승낙하는 회사가 좋은 회사다. 책임을 져야할 경우도 많겠지만 그래도 혜택 받은 환경 속에 있는 것은 틀림없는 것이다.

실패의 경험은 뇌의 학습이다. 성공한 경험에서는 얼마 배우지 못하지만 실패에서는 많은 것을 배운다. 작은 실패를 많이 해 보는 편이 좋을 것이다. 실패체험이 많이 있는 사람이 경험에 의하여 직감력도 예리해 진다. 직감이란 많은 기억을 바탕으로 한 의식서 내린 판단인 것이다. 만일의 경우 그 직감이 도움이 되는 수도 있으나 특히 젊은 때에는 실패를 많이 해 보는 편이 좋다.

~도전 정신은 뇌의 영양소다. 또 뇌는 실패에서 많은 것을 배운다.

4. 사명감을 발견한다.

학생이 어떤 것이든 의욕을 솟아나게 하려면 남의 도움이 되는 일을 해 보라고 선생님에게 가르침을 받았다. 남의 도움이 되는 일을 하면 주위사람들로부터 응원을 받을 수 있으니 하려는 의욕이 오래 지속된다는 것이다. 이런 가르침은 오래 남기 마련이다.

확실히 남에게 도움이 되는 일을 하겠다고 하면 의욕이 솟아나게 된다. 자기 욕구를 채우려고 무엇인가를 하려고 할 때에도 의욕이 생기지만 자신만이 이익을 위한 욕구는 남을 도우려는 의욕과 다른 것이다.

이에 대하여 남을 위하는 것, 사회를 위하는 것을 하려고 하면 자신은 옳은 일을 하려고 하는 느낌이 들어 자신감이 생기게 되어 있다 그것이 의욕을 더욱 높여 준다. 단순히 하고 싶은 마음에서 사명감이 더해져서 의욕이 상승하는 것이다.

　최근의 뇌 과학은 이 같이 하려는 마음에도 과학적 방법이 있다는 것을 알아냈다. 뇌의 안쪽에 있는 대상회전피질이란 곳에서 하려는 마음의 중추가 있는 것 같다는 것을 알게 된 것이다.

　이 부위의 작용을 어떻게 하면 높일 수 있을 것인가에 대한 과학적 방법이 서서히 밝혀질 것으로 기대하고 있다.

　또 남의 도움이 되는 일이라든가, 바른 일을 하려고 하면 자연히 주위사람도 협력해 주게 된다. 인간은 자기 혼자로는 좀처럼 하려는 의욕이 생기지 않는 것이다. 누군가의 응원을 받으면 한층 하려는 마음이 높아진다. 하려는 마음을 높이는 데는 주위사람들의 응원도 중요한 요소인 것이다.

~사명감은 하려는 의욕을 더욱 상승시킨다.

5. 자신을 알고 자신의 색깔을 갖자

　사는 보람을 발견하는 일에는 자신이 어떤 사람이라는 것을 잘 살펴 봐야한다. 보통 나에 대한 것은 세 종류가 있다고 한다. 나 자신이 본 나, 남의 입장에서 본 나, 그리고 진실로 내가 있다. 이 세 종류의 내가 겹칠 때 보다 행복을 느낄 수 있는 상태로 될 것이다. 이렇게 되면 어디에도 모순이 나오지 않게 될 것이다. 자신에 대하여 잘 알지 못한다면 행복과 보람을 모를 것이다.

그것을 잘 알지 못하고 주위에 떠밀려 가는 사람이 많다. 특히 TV의 영향을 많이 받아 참다운 행복감을 잃어버린 사람들이 늘고 있다. 현실과 너무나도 떨어진 행복을 목표로 삼으면 뇌는 그것을 스트레스로 느끼게 된다. 그래서 좌절감 쪽이 강해지고 만다.

자신을 바로보고 자신과 가까운 지인들을 보면서 행복감을 가질 수 있는 목표를 세우는 편이 좋다.

또 친구들과 비교하여 자신은 불행하다고 생각하는 사람도 있다. 하지만 행복을 남과 비교할 필요는 없다. 남과 비교하여 자신이 더 행복한 것은 상대적인 행복감이다. 세상에는 목표로 했던 높은 곳보다 더 높은 곳이 있으니 상대적인 행복감을 목표로 한다면 정점에 서기까지 참된 행복감은 얻을 수 없게 된다.

자신에 맞는 행복, 자기 나름의 행복을 찾도록 해야 한다. 자신을 아는 것이 행복을 발견하기 위한 첫걸음이다. 항상 자신을 살피는 것을 기억해 두면 좋을 것이다.

~큰 기쁨보다 가까운 작은 기쁨을 소중히 하자.

6. 용감성을 기른다.

페르시아의 시인 아타는 자신을 변화시키는 일에 용감하다고 했다. 인간은 대체로 보수적인 생물이므로 자신을 변화 시키려고 하지 않는 것이다.

그렇기 때문에 용감하지 않으면 자신을 변화시키지 못한다. 인간 누구나 자신을 변화시켜야 할 점은 갖고 있다.

그러나 변화 시키려고 해도 아주 강하게 결심하지 않으면 좀처럼 바뀌지 않는다. 자신을 변화 시키려면 용감성이 절대적으로 필요하다.

자신을 변화시키는 것은 사는 보람에도 영향을 미친다. 자신의 목표로 하는 삶을 살려면 평생 걸릴 줄도 모른다. 어쩌면 한 평생 걸려도 변화가 안 될 수도 있다. 인간에 있어서 이처럼 큰 목표를 향하여 도전하는 것은 어떤 의미에서는 사는 보람에 이어질 것이다.

7. 신생 뉴론이 새로운 자신으로 변화시킨다.

인간의 성격은 한평생 변하지 않는 것이라고 생각하는 사람이 있을 것이다. 이런 생각은 오래전 상식에 머물고 있는 사람이다. 뇌의 뉴론은 줄기가 하나이기 때문에 늘지 않는다고 여겼던 시대가 있었다. 그 시대에는 성격은 변화시킬 수 없다는 것이 상식이었다. 그러나 현대 뇌과학의 상식은 어른이 되더라도 뉴론은 생겨나고 있다는 것이다.

뇌 속에 새로운 뉴론을 만들어내는 것이 가능하니까 성격을 서서히 변화시켜 가는 것도 가능하다고 생각하는 것이 자연적이다. 실행할 수 있는 것은 과감히 실행해서 변화시켜가지 않으면 뇌 속의 낡은 뉴론이 언제까지 나 자신을 지배하고 있어 새로운 자기를 변화시킬 수 없게 된다.

~신생뉴론은 새로운 자기를 만든다.

8. 적극성을 새로 만들어 내는 테스토스테론

　행복한 뇌에 있어서 최고의 영양분은 사랑일지도 모른다. 연애를 하고 있을 때에는 성 호르몬이 많이 분비된다. 성 호르몬이라는 것은 뇌에 작용해서 스트레스 호르몬을 억제하는 역할을 하고 있다. 성 호르몬은 많이 나올 때에는 우울상태도 없어진다.

　또한 남성 호르몬인 테스토스테론은 스포츠 선수의 도핑 규제 대상이 될 정도로 파워를 낳는 효과 높은 호르몬이다.

　테스토스테론은 사람을 정력적으로 되게 한다. 여성의 체내에 있는 테스토스테론은 남성의 1/10정도 존재한다. 여성이 어떤 사람을 사랑하고 싶다고 생각하고 있을 때는 테스토스테론이 영향을 주고 있다고 한다. 즉 테스토스테론은 적극적으로 액션을 일으키기 위한 호르몬이라는 것이다. 사랑을 하면 테스토스테론 같은 자기를 적극적으로 하게하는 호르몬이 자연히 나오는 것이다.

　흔히 짝사랑 같은 말을 하지만 상대방이 어떻게 생각해 줄는지 모르는 때가 호르몬이 많이 나오는 것 같다. 호르몬은 상대방을 자기에게 되돌아보게 하기 위하여 몸이 자연히 분비하는 것이니까 잘되고 나면 그다지 호르몬을 분비하지 않고 끝나버릴 수도 있다.

또한 호르몬에는 항산화작용이 있다. 그 때문에 성 호르몬이 나오면 부종이 빠지고 살결이 반들반들 윤기가 날 가능성이 높아진다. 이것이 사랑을 하고 있는 여성은 아름다워 진다는 과학적 근거가 있는 것이다.

9. 첫눈에 반한 뇌 과학이란

뇌과학 세계에서는 첫눈에 반한 구조도 연구되고 있다. 미 캘리포니아 공과 대학의 가족교수에 의하면 인간은 상대방이 눈에 흘끗 들어온 것만으로도 자신의 뇌 속에 있는 이상적인 이성의 이미지와 일치하는지 그렇지 않은지 순간적으로 판단된다. 일치하면 그 사람 쪽을 향하여 버린다고 한다.

뇌가 좋다는 판단 전에 돌아보는 행동을 먼저 한다는 것이다. 남성이나 여성 모두 자신의 뇌 속에 좋아하는 이성에 대한 이미지를 갖고 있고 그것과 조금이라도 일치하는 상대방을 눈으로 잡으면 뇌는 감정을 불러일으키는 뉴론을 작동하기 전에 행동을 먼저 하는 뉴론을 활동시켜 돌아보게 된다는 것이다. 좋아한다고 생각하기 전에 보고 있다는 것이 첫눈에 반한다는 이론이다. 연애를 하고 있을 때 인간의 뇌는 불가사의 한 작용을 한다.

~연애는 뇌와 몸에 불가사의한 파워를 갖고 온다

10. 상대방의 좋은 점을 기억한다.

　사람을 칭찬하는 일, 사람들로부터 칭찬을 받는 일 모두가 좋은 자극이 된다. 특히 칭찬을 받는 일은 뇌로서는 중요한 영양소가 된다.

　최근 계산 반복학습이 뇌에 효과가 있다고 말하고 있다. 계산 자체가 뇌의 전두영역을 활성화 시키는데 도움이 되고 있다. 이들 경우에는 계산 속도가 빨라지면 선생님이나 부모로부터 칭찬받는 즐거움에 하려는 의욕이 증가한다고 한다. 이처럼 칭찬받는 효과가 상당히 큰 무게감을 차지하고 있는 것이다.

　반대로 남의 일을 칭찬해주는 것도 중요하다. 칭찬해 주면 상대방도 기분이 좋아지고 자신에 대하여 호감을 갖는다. 그렇게 하면 상대방으로부터 칭찬 받을 기회도 많아질 것이다.

　단 아무거나 상대방을 칭찬하면 된다는 것은 아니다. 상대방의 참으로 좋은 점을 칭찬해야 할 것이며 단순한 겉치레나 아첨은 상대방이 쉽게 알 수 있다.

　상대방의 좋은 것을 칭찬하기 위해서는 상대방의 일을 잘 관찰해야 한다. 그렇게 하는 것에는 기억력도 중요하다. 뇌를 모두 작동시켜 상대방의 좋은 것을 기억하는 것이다. 이는 상대방도 기뻐할 것이고, 뇌의 파워도 높아지고 일석이조다. 주위사람들의 좋은 것을 정확히 인정해 주고 칭찬해 준다면 언젠가는 보상이 돌아올 것이다.

~칭찬을 받는 일은 스트레스 신호를 스톱 시킨다.

11. 좋은 일을 하면 뇌에 평온이 온다.

우울증은 심한 스트레스나 힘든 상황으로 인하여 감정조율에 이상이 있을 때 나타나는 현상이다. 불안하고 초조한 느낌을 받거나 항상 긴장되고 삶에 관심이 없고 좌절감에 빠져든다.

우울증 환자가 아니더라도 세상에 필요 없는 사람이라고 좌절감에 빠진 사람도 있다. 그렇게 생각하면 살 기력이 없어져 버린다. 이것은 보람된 생활을 하는 사람하고는 전혀 반대되는 상태다.

세상에 필요 없는 사람은 한사람도 없다. 누구에게나 좋은 점을 반드시 있고 어떤 모습으로 세상을 위하고 있다. 지금은 세상에 도움이 안 되더라도 앞으로 세상에 도움이 되는 인간으로 변화할 수 있다. 이것은 충분히 가능한 것이다.

지금 자신이 누군가에게 도움이 된다는 실감을 갖지 못 할 수도 있다. 그럴 때에는 신변 가까이 간단히 할 수 있는 것을 행하여 남의 도움이 되는 것을 조금이라도 실감나게 하면 될 것이다.

그것은 남을 친절하게 하거나 도울 수도 있는 것이다. 엘리베이터 안에서 버턴을 누르는 일을 맡아 어린아이나 노인을 도와드린다거나 전철 안에서 노인이나 장애인들에 자리를 양보하는 것이다. 그 같은 일은 모두 기뻐할 것이다.

기뻐했을 때 그 표정을 보는 것으로 뇌는 기분 좋은 자극이 전달되고 있는 것이다. 어떤 행위가 남에게 칭찬을 받고 이 자극으로 인하여 뇌 안의 호르몬 분비가 전보다 약간 달라질 것이다.

자기가 정신적으로 고통스러울 때도 자리를 양보한다거나 휴지를 줍는다거나 그 같은 작은 일에서 조금씩 기분을 바꿔 가는 것도 좋은 방법이다.

~남에게 부드럽게 해 드리는 것은 곧 뇌를 부드럽게 하는 일이다.

12. 공감 뉴론을 작동시킨다

자신의 뇌를 행복하게 만든다면 자신도 반드시 행복해 진다. 그러나 남을 위하여 아이를 키우는 것도 또 자신을 행복하게 하는 경우가 많다고 한다. 행복에 가장 가까운 일은 아이를 기르는 일이 좋은 예이다. 최근에는 자식을 기르는 것이 아주 큰일이라는 부정적인 이미지가 강하게 작용한다. 하지만 아이를 기르는 일은 자신을 행복하게 하는 일의 중에 가장 커다란 것이라고 생각된다.

자식을 키우는 일은 확실히 큰일이지만 그래도 아이가 자라가는 모습을 보는 것은 부모로서 매우 행복한 기분이 되는 것이다. 또한 아이로부터 행복감을 받는 경우도 많이 있을 것이다.

직장에서도 사람을 키울 수 있을 것이다. 노력하는 부하 직원이나 후배를 키울 수 있다. 키우던 부하 직원이 자라서 능력을 발휘해 준다면 자신에게 있어서도 보람이 있는 것이고 결과적으로 자신이 행복해 질 것이다.

단지 사람을 기른다는 것은 간단한 일이 아니다. 자기 생각대로 되지 않는 경우가 대부분이다.

기르고 있을 때에는 성격이나 생각 차이에서 오는 갈등도 많이 생길 것이다. 그럴 때는 접점을 찾아서 거기에서 해결책을 찾아야 한다. 접점을 발견 하려면 먼저 상대방을 잘 관찰하고 좋은 점을 발견해야 한다. 그리고는 공감 뉴론을 작동시켜서 상대방과 충분히 서로 공감할 필요가 있다. 남을 기르기 위한 기본은 역시 커뮤니케이션 능력이다.

세상에는 아이 기르는 것이 사는 보람이라는 부모가 많이 있다. 아이들을 가르치는 것이 사는 보람이라는 선생님이나 코치들도 많이 있다. 아이 아닌 누군가를 열심히 기르는 일은 반드시 사는 보람을 낳게 해 줄 것이다.

~공감 뉴론도 쭉쭉 성장한다.

13. 뇌 쪽으로 응원 메시지

자신에게 화를 내는 사람을 발견하는 것도 행복감으로 이어질 수 있다. 분노 같은 화를 내는 경우는 곤란하지만 상대방을 위하여 충고 같은 모습으로 화를 받는 것은 대단히 고마운 상황이라 생각한다.

최근에는 따끔하게 화를 내는 사람이 적어졌다. 전철 안에서 매너가 나쁜 행위를 하고 있는 사람이 있더라도 피해를 볼까 무서워서 아무도 말하려고 하지 않는다.

아이들에 대해서도 화내는 것보다 칭찬해서 키우는 경우가 많아졌다. 아이를 키우는 사고방식이 꾸짖는 경우도 많이 줄고 있다.

아이들에게는 꾸짖는 것과 칭찬을 병행해야할 것이다. 진지하게 꾸짖어 주는 것은 아마도 자기를 생각해서 해줄 것으로 보아야 할 것이다. 그렇게까지 자기를 생각해 주는 사람이 있으니까 매우 행복한 상태라고 말할 있다. 뇌로서는 꾸짖는 화를 받는 것은 강한 자극이 될 것이고 또 꾸짖어 주는 사람이 있음으로 고맙다고 생각하면 뇌에 큰 안도감을 주게 될 것이다.

자신이 남에게 꾸짖는 행위를 하면 행복할 수 없지만 누군가 자신의 결점을 지적하여 충고를 한다면 행복해 진다.

~꾸짖어 주는 사람을 기다리는 것도 행복한 일이다.

제 12 절

뇌의 단련기법

1. 우뇌를 많이 쓰면 장수한다.

　운동선수들은 외관으로 보았을 때는 강하고 건강하게 보인다. 단련된 근육은 아름답게 보이지만 그들의 육체는 고된 훈련으로 만들어진 것이다. 그러나 고된 훈련으로 활성산소의 해를 입고 있다는 지적을 하는 사람은 없다.

　스포츠의학에서는 겉으로는 건강하게 보이지만 결코 육체적으로 건강하다고는 말하지 못한다고 한다. 오히려 건강하지 않다고도 한다. 그 증거로서 일반사람은 힘든 일을 하면서도 정년 이상의 나이까지 일을 할 수 있지만 스포츠를 직업으로 하는 사람으로 정년까지 현역에 있는 사람은 거의 찾아 볼 수 없다. 프로야구도 30대를 넘으면 오래된 선수이며, 40대의 현역은 찾기 어렵다. 육상과 씨름 선수도 20대가 중심이다. 그 뿐만 아니라 스포츠 선수는 일반사람에 비하면 육체 고장이 많아서 평균수명이 짧다.

다만 그들은 부와 명예를 얻으니 육체가 고통 받는 것은 각오하고 있고 만족하는 것이다. 지나친 운동은 의학적으로 좋지 않은 것은 확실한 것 같다. 지나친 운동은 여성에 있어서 배란이 되지 않을 수 있다. 또한 정자나 난자가 활성산소의 해를 입기 쉽다. 과격한 운동선수는 아이를 갖지 못한다거나 아이를 낳더라도 기형이 될 확률이 높다고 한다. 이는 오래 사는 점에서는 스포츠계가 어느 정도 불리한 것을 알 수 있다.

다른 분야인 문과계열과 이과계열에서는 문과계열이 다소 장수하는 통계가 일반적인데 그것은 이공계열은 논리계산 등 좌뇌를 많이 사용하기 때문이라고 보고 있다.

뇌 속에 있는 모르핀은 우뇌에서 나오는 것이니 우뇌를 많이 쓰는 문과계열이 장수하는 이유이다. 장수하기 위해서는 근육을 만들어야 하겠지만 지나친 것은 도리어 단명의 근원이 되는 것을 잊어서는 안 될 것이다.

2. 근육을 단련하고 지방을 연소시킨다.

다이어트 소망은 비만인 남녀 모두에게 있다. 많은 사람들이 비만이 성인병의 근원이란 것은 상식으로 알고 있다. 또한 사람들은 운동이 지방을 줄일 수 있다는 소박한 믿음을 갖고 있다. 운동이 다이어트에 도움이 되는 것에 작은 오해가 있다. 운동이 다이어트에 도움이 되기는 하지만 파워 트레이닝을 하더라도 지방은 거의 연소되지 않는다. 지방이 연소되는 것은 완만한 운동을 했을 때라고 한다.

근육을 움직이는 것은 두 가지가 있다. 하나는 근육을 단련시키는 운동, 또 하나는 지방을 연소시키는 운동인데 이것은 종류가 전혀 다른 것이다. 근육을 단련시키는 운동이 파워 트레이닝이다. 무거운 바벨을 올렸다 내렸다 하는 것이 그것이다.

반면에 조깅, 워킹처럼 유산소 운동이라고 하는 가벼운 운동을 오랜 시간 계속하는 것이 지방을 연소하는 운동이다. 과격한 운동을 하면 지방이 연소하지 않는 이유는 지방이 타는 데는 산소가 많이 필요하지만 과격한 운동은 운동 때문에 산소가 동원되어 버리기 때문에 지방을 태울 수 없는 것이다.

따라서 100m 전력질주에서는 지방이 전혀 타지 않는다. 그러니 비만방지가 목적이라면 고된 운동은 지나치게 하지 않는 것이 좋다. 고된 운동은 효과가 없을 뿐만 아니라 활성산소의 해를 입게 될 것이다.

편안한 호흡을 하면서 편안한 운동을 장시간하면 산소를 많이 공급받을 수 있고, 그만큼 지방은 연소된다. 지방을 연소시키는 운동으로 가장 좋은 것이 걷는 운동이다.

완만한 운동은 뇌내 모르핀을 분비하게 하고 운동 그 자체를 기분 좋게 할 뿐 아니라 식사하고 조금 쉬었다가 걷는 운동을 하면 다소 과식한 경우라도 지방은 쉬지 않고 연소시켜 준다.

3. 마사지와 뇌내 모르핀

동양의학에서 인체는 365개의 경혈이 있고, 각각의 경혈은 경로라는 신경 대동맥을 통해 연결되어 있기 때문에 이 경혈을 자극하면 혈액 흐름이 원활해진다.

또한 경혈은 뇌의 상행망양부활계라는 신경계를 경유하여 뇌 속의 에이 텐 신경과 연결을 취하고 있기 때문에 경혈을 자극하면 뇌내 모르핀 분비를 촉진한다.

특별한 병이 아니더라도 마사지를 받는 사람이 있는데 이는 건강을 유지하는 좋은 방법이다. 마사지를 하면 뇌내 모르핀이 나와서 혈액의 흐름을 좋게 하기 때문에 인체에 좋지 않은 기관이 자연스럽게 치유가 된다. 뇌 속의 모르핀은 에이 텐 신경을 자극하고 이 신경계는 사람의 창조력, 의식, 의욕, 기억, 감정을 지배하고 있기 때문에 이들의 기능을 높여주는 역할을 하는 것이다.

혈관이 수축하면 혈액이 들어오지도 나가지도 못한다. 산소가 부족해서 불완전 연소가 생긴다. 불완전 연소는 강력한 신성 물질을 발생시키고 또 혈관을 수축시킨다. 이 같은 악순환이 계기가 되어 성인병이 시작되는 것이다. 이를 미리 막아주는 마사지가 있는데 메디컬 마사지가 바로 그것이다. 메디컬 마사지는 동양의학의 지압과 서양의학의 마사지가 갖고 있는 장점을 혼합한 것이다. 성인병 원인의 대부분은 혈관의 노화와 막힘이라

할 수 있다. 혈관이 악화되어 각종 성인병이 발생하게 되고 혈액만 원만하게 흐르면 성인병은 쉽게 생기지 않는다. 근육을 강화시키고 지방을 없애기 위한 노력과 명상을 해서 뇌파를 조정하는 이유도 피의 흐름을 원활하게 만들기 위한 조치이다.

4. 걷는 운동으로 우뇌를 단련하자

인간의 몸은 25세로 발육은 대부분 완료하고 이후는 노화로 향하게 된다. 그냥 두면 뇌세포는 1일에 10만개 정도가 빠른 속도로 죽고 근육도 쇠퇴하기 시작한다.

평소 생활 속에서 뇌세포를 지키고 근육 량을 떨어뜨리지 않게 하는 방법이 하루 최저 5천보 이상 걷는 일이다. 걸으면 뇌 속에 모르핀이 잘 나온다. 1만 3천보를 노르마(norma)라고 하나 최저라도 5천보는 필요하다.

또 걸을 때는 명상을 한다. 명상이란 것은 반드시 누워서 몸을 이완하거나 좌선을 할 필요는 없다. 걸으면서 명상을 하는 것이 3~4배의 효과가 있는 것이다. 그때 생각하는 것은 자신의 꿈이나 희망이나 계획을 생각하는 것이다. 이 같은 기분으로 빠지는 것은 활발히 활동하게 하는 것이다. α파는 우뇌가 작용할 때 나오는 것이다. 우뇌를 작용 시키려면 좌뇌를 잠재울 필요가 있는데 걷는 것이 좌뇌를 잠재우는데 효과적이다.

좌뇌가 잠을 자고 있으면 우뇌에서 지혜가 솟는다. 가만히 앉아 명상을 하는 것이 좋다는 사람도 있으나 가만히 있으면 그리 좋은 지혜는 떠오르지 않는 것이다. 도리어 잡념이 생긴다.

어떤 창조적인 것이나 참된 지혜를 만나고 싶으면 움직이면서 명상하는 것이 좋다. 옛날 칸트는 매일 빠짐없이 산책한 유명한 이야기가 있다. 그의 사색의 대부분은 산책 때에 얻은 것이라 한다. 걷기 시작하면 뇌 속의 모르핀 이라는 베타 엔도르핀이 분비되어 쾌감이 생기고 통증이나 스트레스를 느끼는 감각이 무뎌지고 컨디션이 좋아진다. 또한 걸으면 도파민이라는 뇌 속에 있는 물질이 활성화되어 의욕이나 의지력이 크게 향상되기도 한다. 산책을 많이 하면 도파민도 활성화되지만 세로토닌이 분비 되면서 최종적으로 행복한 기분이 든다. 이러한 세로토닌은 뇌를 깨우는 호르몬으로 충족감과 행복한 감정을 유발한다.

이처럼 걷기를 하면 세로토닌이라는 뇌신경물질이 분비되어 행복감을 느끼며 걸을 수 있다. 걷기로 인하여 걸음걸이도 상당히 좋아 질 것이다. 걷기는 매일 꾸준히 하는 것이 좋다. 걸으며 행복 호르몬을 분비시키면 우리 몸과 뇌세포가 활성화되어 건강을 유지하는데 도움이 된다.

5. 고단백 · 저칼로리 식사

뇌 활동에 영향을 미치는 영양소 하나는 단백질이다. 단백질은 뇌 활동에 필수 영양분이며 단백질 섭취가 줄면 고혈압과 뇌졸중 등을 유발한다.

단백질은 동물성 단백질 보다는 식물성 단백질을 섭취하는 것이 좋고 식물성 단백질이 풍부한 음식이 콩이다.

지방은 에너지원을 모아두는데 가장 효율적이기 때문에 몸은 지방이 들어오면 곧 축적체제로 향한다. 이것은 무리한 일도 아니기 때문에 지방이라는 편리한 영양소로 모아두니까 지금의 큰 몸을 유지할 수 있고 또 며칠간 먹지 않는 상태로 있더라도 살아있을 수 있는 것이다.

주의할 것은 고칼로리 식사를 하면 단백질과 탄수화물 여분의 영양소는 모두 지방으로 바뀌지는 게 사실이다. 에너지를 축적할 때에는 모두 지방이라고 생각해도 될 것이다.

탄수화물이나 단백질도 지방화 되기 때문에 살이 찐다. 지방만 피해서는 아무런 뜻이 없는 것이다. 3대 영양소의 역할은 각각 다르지만 근본적으로는 이어져 있다. 어떤 경우에도 과식은 체지방을 늘리게 된다.

단백질이 몸 속에 들어가면 일단 아미노산으로 분해되어 각각 용도에 따른 단백질로 재합성되지만 그때 아미노산이 100이상 이어진 분자를 단백질이라 부른다.

6. 기억력을 높이는 뇌내 모르핀

뇌에는 기억을 관장하는 해마라는 부분이 있는데 그 부분을 활성화시켜 건망증 같은 것이 생기지 않게 하는 것이 뇌내 모르핀이다. 기억을 관장하는 해마는 쾌감신경이라 부르는 에이 텐 신경의 지배하에 있다. 뇌내 모르핀을 잡아내는 신경덩어리의 근본이 에이 텐 신경인 것이다.

뇌내 모르핀이 나오지 않으면 머리가 나쁘다고 하는 것은 학습이나 기억에 관한 해마가 뇌내 모르핀을 지배하는 것과 같은 에이 텐 신경의 지배하에 있다는 것과 연관이 있다

에이 텐 신경은 최종적으로는 대뇌신피질의 전두연합들과 연결되는 것이지만 기억에 관해서는 해마가 중요한 역할을 담당하고 있다

예를 들어 시각으로 말하면 우리는 일상생활에서 여러 가지 사물을 보고 있다. 하지만 기억에 없다고 느껴지는 것이 대부분이다. 전철 안에서 타고내린 승객 몇 사람의 얼굴을 눈앞에서는 똑똑히 보고 있다. 그러나 전혀 모르는 사람인 경우에는 얼굴은 말할 것 없고 본 기억조차 남지 않는다.

그러나 의식에 남는 기억이 아니더라도 뇌는 한번 본 것은 무의식으로 모두 기억하고 있다. 그 같은 기억을 저장하는 창고가 해마이다. 뒤에 가서 무슨 필요로 재생을 하게 되는 것은 뇌내 모르핀 덕분이다.

뇌내 모르핀은 앞에서도 말한 증폭 효과 있어서 해마에 들어간 약한 기억을 라디오 볼륨을 올리는 것처럼 증폭해 준다. 그것으로 생각해 낼 수 있는 것이다.

기억력이 좋고 나쁜 것은 머리가 좋고 나쁘다는 것보다도 뇌내 모르핀을 얼마나 분비할 수 있느냐에 따라 결정된다. 즉, 뇌내 모르핀이 나오는 것이 나빠지면 기억력도 둔화되는 것이다.

7. 활성산소를 중화시키자.

인간이 한평생 마시는 산소량은 2,100만 리터라고 한다. 몸속에서 소비되는 산소량이다. 어떤 물질을 만들어 내려고 하면 그 만큼 활성산소가 많이 발생한다. 고칼로리의 식사를 하는 것은 그만큼 신체 일을 많이 하는 것으로 활성산소도 증가하는 것이다.

활성산소는 적으면 적을수록 좋다. 활성산소를 적게 하기 위하여 스트레스를 가급적 줄이고 산소 소비량도 필요 최소한으로 멈추게 하는 것이 좋다. 또한 식사량도 활성산소를 생성하는데 크게 관계한다.

또 산소와 같이 먹는 것도 한평생 양이 정해져 있다고 생각할 수 있다. 음식은 에너지를 얻기 위하여 필요하지만 활성산소라는 독에 잠길 위험도 있으므로 가급적 적은 양을 효율적으로 쓰면서 한편으로 발생하는 활성산소를 중화시켜야 한다.

활성산소를 가장 잘 중화시키는 물질은 수소이다. 수소 에너지가 무공해 에너지라고 하는 것도 그 때문이다.

산소는 820 미리볼트의 플러스 전위를 갖고 있으나 수소 쪽은 마이너스 420 미리볼트의 전위를 갖고 있다. 우리들은 가급적 마이너스 전위를 갖게 하는 것이 몸을 위하여 좋은 것이다. 태어난 아기는 대개 0에서 100 미리볼트 이내의 전위를 유지하지만 시간이 흐르면 플러스 쪽으로 가버린다. 따라서 밖에서 섭취하는 것은 가급적 마이너스에 가까운 것이 바람직한 것이다.

　수돗물에는 염소를 투입하고 있으나 그 이유는 세균오염에 대한 물의 안전성을 높인다고 하지만 이 발상은 현대인이 빠져드는 가장 큰 함정이다. 세균을 죽이기 위하여 염소를 넣는 발상은 벌레에 살충제를 뿌리는 것, 세균 감염병에 항생물질을 쓰는 것과 같은 대증요법의 발상이다. 눈앞에서는 그것으로 효과가 있을 것 같지만 긴 안목에서 본다면 문제해결이 아니라 새로운 문제를 만드는 격이 된다. 항생물질 같은 것에 의지하고 있으면 영원히 달리기 경주를 해야 하고, 사태는 점점 인간에게 악화될 뿐인 것이다.

　수돗물의 경우에도 염소를 넣으면 다른 새로운 화학반응을 유발하여 그것이 발암물질을 만드는 위험을 낳고 있다. 더 심한 것은 수돗물에 다시 표백가루를 넣고 있다는 것이다. 보건소에서 그렇게 하도록 지시하고 있다고 한다.

　수영은 건강에 좋다고 하나 표백가루를 지금 기준으로 투입한 풀 속에서 수영하는 것은 건강을 위하는 게 아니라 일부러 독을 받고자 가는 것이다. 아이들의 수영교실이 활성하고 성인들도 건강을 위한 수영을 하는 사람이 많은 것 같은데 지금 상태의 풀 같으면 수영하는 플러스와 표백가루의 마이너스를 저울에 달면 수영을 하는 것이 손해가 된다. 표백가루를 넣지 않으면 더러워서 수영을 못한다고 하지만 노송나무 정유를 넣어서 안전하게 하는 방법이나 자외선으로 살균하는 방법도 개발되어 있다.

8. 된장을 먹으면 뇌에 좋다.

　콩을 사용한 식품은 아미노산 밸런스에 뛰어나고 뇌내 모르핀의 재료로 적합하다. 우리가 주식으로 먹은 쌀에도 아미노산을 갖고 있다. 쌀에는 필수 아미노산인 리신이 적고 메치오린이 많은 편이고 콩에는 단백질과 리신이 많지만 메치오닐이 적다. 때문에 쌀과 콩을 합치면 서로의 결점을 보충해서 최고의 아미노산 균형을 이룬다.

　된장에 많이 들어 있는 이소플라본의 유도체는 에스트로겐의 일부이며 뼈가 다시 흡수되는 것을 방지하고 뼈를 만드는 역할을 하기 때문에 골다공증에도 좋다. 또한 된장에는 레시틴이라는 물질을 함유하고 있어 집중력과 기억력을 증진 시킨다. 된장 속에는 뇌를 건강하게 유지하는데 도움을 주는 성분이 들어 있어서 치매를 예방하는데도 효과가 있다고 알려져 있다.

　된장에는 항산화물질을 많이 함유하고 있어 이물질들은 노화를 예방하는 효능이 있다. 술을 자주 마시는 사람은 다음날 된장을 먹으면 간에 독성을 띠는 아미노기 전이효소가 약해기 때문에 간 기능 향상에 도움이 된다. 또한 된장에는 아미노산과 유신, 히스타민이라는 물질이 많이 들어 있어 혈압을 낮춰주고 콜레스테롤을 없애는 역할을 한다.

　최근 미국에서 IQ 200이라는 천재소년이 화제가 된 적이 있으나 그 소년의 어머니는 임신 중에 된장을 많이 먹었고, 소년 자신도 어릴 적부터 된장을 즐긴다고 하니 콩이 뇌세포 활성화에 크게 도움이 되는 증거라고 할 것이다.

9. α파를 배출하고 기억력을 개선하는 식품

프랑스에서는 흥미 있는 실험이 있었다. 북대서양의 심해 1,500미터에서 2,000 미터 깊이 생식하는 몰바·가디데라는 대구 내장에서 끄집어 낸 영양 보조식품인데 이것을 마시는 것만으로 스트레스가 감소되고 뇌파가 α파로 된다고 한다.

이것은 몰바·갑셀이라는 식품이 명확히 뇌의 에이 텐 신경이라는 쾌감 신경의 흥분을 완화하는 효과를 발휘한다는 것이다. 흥분을 완화 시키고 기억력을 갖는 효과지만 실제는 이완작용이 가장 인간의 능력을 끌어낸다는 것으로 알려져 있다.

아인슈타인 박사가 일하는 동안 뇌파를 측정한 실험에 의하면, 계산이 잘 풀릴 때의 뇌파는 α파이고 계산이 틀렸을 때에는 β파로 되었다는 이야기가 있다.

보통 뇌의 계산 기능은 좌뇌라고 하지만 α파가 나왔다는 것은 우뇌가 주체라고 생각된다. 인간이 가장 고도의 사고능력을 발휘하고 있을 때는 좌뇌가 아니고 우뇌를 쓴다고 생각된다. 수준 높은 암산을 할 때 뇌파도 α파라고 한다.

우뇌는 선천뇌라고도 한다. 우뇌를 잘라내어 버리면 본능적인 일을 못하게 된다. 사람의 기억은 DNA에 새겨져서 보통 때는 의식하지 못하지만 깊은 곳의 자아는 정확히 알고 있으며 우리의 본능과 생리적인 욕구로 나타나는 것이지만 여기에서는 저차원 욕구뿐만 아니라 더욱 레벨이 높은 정보도 들어 있다고 생각된다.

다만 끌어내지 못하는 것이다. 끌어내려면 명상이나 기도가 가장 효과적인 방법이라고 생각되어 왔다. 아인슈타인과 뉴튼도 영감으로 위대한 법칙을 발견하고 있으나 아무리 영감이라 하더라도 뇌 속에 없는 것, 기억에 없는 것은 나올 리가 없으니까 그 같은 가능성은 우리들에게도 있는 것이다.

이것은 의식의 레벨에서 그것을 감지할 수 있는 여부에 열쇠가 되는 것은 지금까지는 기도나 명상이나 좋은 수면이었다. 하지만 몰바·캅셀 같은 식품이 기억력 개선이나 집중력 증가에 힘을 빌려주고 α파를 만들면 더욱 의식적으로 광범위하게 사람들이 그것을 끌어낼 수 있는 시대가 올 수 있을 것이다.

바둑 명인들이 대국하고 있을 때의 뇌파도 α파라는 것이 알려져 있다. 이는 천재란 뇌파를 쉽게 α파로 하고 뇌내 모르핀을 끌어 낼 수 있는 요령을 체득한 사람들인 것이다.

우리들이 뇌내 모르핀을 더 많이 내게 하는 생활을 한다면 지금의 자신에게는 상상도 할 수 없는 훌륭한 능력을 발휘할 수 있을 것이다. 뇌내 모르핀은 우리들을 천재의 영역으로 끌어올려줄 뿐 아니라 병에도 강해지고 인생도 즐거워지는 것이다.

이와 같은 사람이 늘어나면 세상도 평화롭고 안전하며 풍요롭게 될 것이다.

10. 스트레스가 활성산소를 발생한다.

반드시 기억해 두어야 할 것은 우리 몸에서 활성산소가 나오는 것은 스트레스라는 것이다. 식품이나 기타 여러 가지 있더라도 스트레스가 활성산소를 일으키는데 가장 우선이다. 스트레스가 심할수록 활성산소는 증가한다. 스트레스를 받으면 뇌하수체는 부신에게 코티솔을 분비하라는 명령을 내린다. 부신은 수질과 피질로 나누어져 수질에서 분비되는 호르몬은 아드레날린과 노르아드레날린이 있다. 이것은 말초혈관의 수축과 혈압유지에 중요한 역할을 담당하고 있다. 스트레스 호르몬이라고 부르는 코티솔은 적게 분비되면 건강에 좋을 것이라 생각하기 쉽지만 분비량이 적게 되면 오히려 신체 기능이 떨어져 외부 자극에 대하여 조절을 하지 못한다.

이 때문에 암이 생기고 뇌혈관이 막히는 등 여러 가지 질병에 걸린다. 인간은 여러 가지 병에 걸려서 본래는 120년은 살 수 있는 것이 80년 정도에서 죽는 것이다. 말하자면 활성산소야 말로 인류의 최대 최강의 적이라 해도 과언이 아니다. 그 원인을 거슬러 올라가면 스트레스가 최대의 적이라고 할 수 있다.

우리가 삶을 살아가는데 스트레스를 받지 않고 살아갈 수는 없다. 하루

종일 일에 대한 스케줄이 과도하게 있고 수면이 부족한 상태로 일을 하는 것도 스트레스의 원인이 된다. 모 아니면 도라는 극단적인 생각과 적절한 비판을 넘어 부정적인 생각도 스트레스가 된다. 혹은 불안이나 걱정, 욕구 불만이나 증오, 질투나 선망, 열등감 같은 의식을 갖고 있을 때 우리들은 스트레스를 받는 일이 많다.

이것을 피하는 것은 뇌내 모르핀이다. 뇌내 모르핀이 나오면 스트레스는 감소하거나 없어진다. 스트레스에는 마이너스로 작용하는 스트레스와 플러스로 작용하는 스트레스가 있지만 그것은 결국 받아 드리는 방법 여하이다.

예를 들면 불에 탄 생선을 보고 발암물질이라고 걱정하면 마이너스 스트레스이다. 간이 비명을 지르고 있을 것을 상상하면서 술을 마시면 간에 좋지 않은 것은 분명하다.

담배를 피울 때 폐암의 걱정에 죄의식을 갖고 피운다고 할 때 이것이 원인이 되어서 폐암이 발생할 수도 있겠지만 확실한 것은 아드레날린이 분비된다는 것이다.

아드레날린의 분비는 활성산소의 생성을 촉진하고 물질적인 어떤 가해 행위가 이루어지는 것이다.

담배 한 개비를 피우는 것도 맛있게 피면 뇌내 모르핀의 β-엔도르핀이 나온다. 이것도 물질이니까 몸 속에서는 어떤 플러스 변화가 생긴다. 인간의 사고방식은 습관에 지배되는 수가 많다. 마이너스 발상의 사람은 싫증 내지 않고 부지런히 마이너스를 쌓아올려 간다. 플러스와 마이너스를 같은 식으로 계속 쌓아 올라가면 갈수록 간격은 사이는 넓어진다.

가령 25세의 뇌 완성시기까지 전적으로 같은 육체조건이었던 두 사람, 플러스 발상인간과 마이너스 발상인간으로 헤어져 20년 후에 재회한다면 보기에는 연령차, 건강상태, 노화에 많은 차이가 있을 것이다. 뇌내 모르핀을 정복하는 자는 인생을 정복할 수 있다고도 할 수 있을 것이다.

11. 산화는 무서운 것이다.

산소라는 것은 양날의 검 같은 것이다. 양날의 검은 상대방에게 위협을 주지만 자신에게도 위험한 것이다. 산소는 우리들 인간에 불가결한 물질이다. 인간뿐만 아니라 지상의 모든 생물에 절대적으로 필요한 것이다. 우리 몸은 밖에서 영양분을 몸속으로 흡수하여 산소로 태워서 에너지를 얻고 있다. 만약 산소가 없으면 인간도 지구상의 태반의 생물은 10분도 살 수 없을 것이다.

산소는 우리들을 이롭게 하는 한편 또 한편으로 활성산소의 모습으로 산소는 우리들을 병들게 하고 또 늙게 하여 결국 생명을 없애버린다. 그 같은 산소에 있는 독은 어떤 역할을 하는지 즉, 공기 중의 산소를 일으킨 변화로 다음과 같은 것을 들 수 있다.

① 철이 녹쓴다.
② 고무가 탄력을 잃는다.

③ 버터나 식용유가 변색한다.

④ 껍질을 벗긴 사과가 변색한다.

우리들을 살려주는 산소가 우리들에게 독물로 작용하는 것을 이해하려면 미생물의 옛 모습을 알아둘 필요가 있다. 이 지구에서는 생명이 탄생했을 때 그 미생물이란 것을 산소를 쓰지 않고도 살 수 있었던 것이다.

이는 산소가 있어서는 곤란한 생명시스템이었다. 그런데 어느 때 태양빛을 써서 에너지를 만드는 수초가 번식하기 시작하고 이 수초가 노폐물로서 산소를 토하기 시작한 것이다. 이것은 인간이 산소를 마시고 탄산가스를 토하는 것과 같은 것이다.

그렇게 해서 수초가 계속적으로 산소를 토해내기 때문에 산소 없는 곳에서 살고 있던 미생물은 산소로 죽어버리는 것이다. 그 뒤에 이번에는 산소를 이용할 수 있는 미생물이 나타났다.

산소가 있는 곳에서 살 수 있는 미생물은 호기성 미생물이라 하는데 지금의 지구는 산소를 함유한 공기에 속에 있기 때문에 이 같은 호기성미생물 천하로 된 것이다.

한편 산소가 있으면 살아갈 수 없는 혐기성미생물은 거의 모두 절멸하고 공기에 닿지 않은 흙 속 깊이나 깊은 바다 혹은 우리들 장속에 파고들어가서 지금까지 살아남은 것도 있다.

우리들이 먹는 식품도 공기 속에 쬐이면 계속 상하고 만다. 고기나 생선도 산소에 닿으면 10초 단위로 상하고 만다. 이것이 산화하는 현상이다. 산화된 식품을 먹으면 체내에 산화물이 쌓이게 된다. 이것은 녹슨 것이 쌓이는 것과 같다. 자신의 몸속에서는 산화를 촉진 한다.

이 같은 산화를 억제하는 작용을 갖는 물질이 항산화 물질인데 비타민E, 비타민A, 비타민C 등에는 그 같은 작용을 한다. 야채나 녹차, 하프 같은 식물계의 식품은 식물자신이 산화를 막기 위하여 항산화 물질을 만들어내고 있으니까 그것을 인간이 먹음으로서 항산화력을 기를 수 있다.

음식을 섭취하는데 있어서 싱싱한 야채나 과일을 사용해서 쥬스 형태로 만들어 먹는 것이이상적인 섭취 방법이다. 오래된 식품은 절대로 좋지 않다. 소재가 얼마나 신선한 것인가가 중요한 요소이다.

12. 플러스 발상법

뇌내 모르핀을 분비하기 위한 최고의 조건은 플러스 발상이다. 하지만 실제로 플러스 발상은 입으로 말할 정도로 간단한 것은 아니다. 왜냐하면 인생은 성공보다 실패, 즐거운 것보다 괴로운 쪽이 많기 때문이다.

즐거운 일이 있을 때 플러스 발상을 하는 것은 간단하다. 하지만 실패했을 때나 괴로운 환경에서 어떻게 플러스 발상하는 것은 뇌를 활성화하는데 큰 문제이다.

예를 들면 가장 사랑하는 사람을 잃었을 때 엄청난 충격을 받는다. 갓 태어난 자식을 갑자기 잃었을 때 부모의 슬픔은 어떤 것과 비교할 수 없는 충격이다. 이 아이는 이 세상에 태어나 부모에게 기쁨을 주고 다음에는 슬픔을 주었다. 모든 것을 잃은 심정은 하늘도 저주하고 싶을 것이다.

그러나 저주해봐야 소용이 없다. 이 이야기는 성서의 유명한 욥기에 나와 있다. 부, 가족, 명예, 세속의 것으로 아무런 부, 자유가 없고, 또 신앙심에 있어서도 같이 설 수 있는 자가 없다는 욥, 그에게 온갖 재앙이 휘몰아 덮쳤을 때 하늘을 저주했지만 결국 자신에게 그 자격이 없는 것을 깨달았다. 피조물인 인간에게 창조주의 의도는 모른다는 것이다.

의학적으로 보더라도 우리들의 몸의 창조는 모르는 면이 너무 많다. 간 하나를 보더라도 20%도 쓰지 못하고 있다. 그러니 8할은 잘라 낼 수 있다. 뇌 세포도 180억 개 중 극히 적게만 쓰고 있다.

보통 세포에는 헤이프릭의 한계라 해서 수명이 있는 반면에 암세포는 그렇지 않고 계속 자라고 있다. 아직도 암세포 수명에 정확한 해답을 얻지 못하고 있었는데 최근에 와서 하나만은 확실해 진 것이 있다.

그것은 뇌가 우리들에게 건강과 성공하고, 즐겁게 지내라고 명령하고 있는 것이다. 물론 인간에게는 자유의사가 있으니 다른 선택도 할 수 있다.

하지만 인생을 행복하게 살고 싶은 사람은 그 같은 인생을 선택할 수 있다. 그것이 뇌내 모르핀의 발견으로 알 수 있게 된 것이다.

단 거기에는 조건이 있어서 앞에서 말한 욥는 아니지만 아무래도 창조주의 의도와 벗어나면 아무리 행복을 원하더라도 역방향으로 가게 된다. 노르아드레나린, 아드레나린의 세계가 그것이다.

뇌의 명령은 창조주의 명령이라 생각되며 창조주의 의도를 알 수 있는 것이다. 그것을 의학적 견지에서 본다면 결국 자기실현을 목표로 하라는 것으로 귀착된다. 자기실현이란 어떤 것인지 마즈로 박사의 키워드를 빌리면 그것은 진, 선, 미, 약동, 개성, 완전, 필연, 완성, 정의, 질서, 단순, 풍부, 즐거움, 자기충실 등이 있다.

이는 누가 생각하더라도 올바른 삶, 훌륭한 삶, 남으로부터 비난받지 않고 즐겁고 충실한 삶, 그 같은 삶을 지켜나가는 것이 자기실현이고, 인간이 태어난 목적도 여기에 있으므로 지상의 복된 기쁨을 느낄 수 있는 것도 이것이라고 말할 수 있다.

즉, 인간이 진선미에 상관한다거나 정의의 행동을 할 때에는 그것을 방해하는 것이 없다. 뇌내 모르핀은 얼마라도 나온다. 뇌내 모르핀은 자연계의 모르핀에 비하여 효력이 강하니까 인간이 자기실현을 하고 있을 때의 쾌감은 소진되는 일이 없다. 이것을 우리들은 창조주의 의도, 목적이라고 느끼는 것이다.

일반적으로 예술가들이 장수하는 것은 그들이 다루는 것이 착하고 아름답기 때문이다. 그들에게는 뇌내 모르핀이 끊임없이 분비되고 그것이 창작의욕이 됨과 동시에 창작의 기쁨으로 어어져 있기 때문이다. 인간에 있어서 최고의 기쁨은 전두연합영역과 에이 텐 신경을 연동시키는 일이다.

13. 우뇌를 많이 쓰면 α파 상태로 될 수 있다.

사람들의 머리에서는 항상 뇌파가 흘러나오고 있다. 뇌파에서 모르핀이 나오는 상태는 반드시 α파 상태이다. α파와 모르핀은 짝을 이루고 있고 α파는 각성 상태와 수면 상태의 중간에서 나온다. α

잠을 깨고 일상적인 행동을 하고 있을 때에는 뇌가 긴장하고 있기 때문에 β파로 된다. 충분한 잠을 자고 있을 때는 θ파 상태이다. 잠을 깨고 있는 동안 잠자고 있는 것과 같은 레벨로 뇌의 활동을 떨어뜨리면 대단한 이익이 나온다. 즉, 잠재된 뇌를 활용할 수 있다는 것이다. 잠재된 뇌를 불러일으키려면 뇌의 안정이 절대 조건으로 되어 있다.

우리의 DNA에는 선조들이 경험한 지혜나 정보가 새겨져 있다고 말을 하고 있다. DNA는 좌뇌에 있는 것이 아니라 우뇌에 저장되어 있다. 우뇌가 활약할 수 있는 것은 α파다.

뇌파가 α파 상태로 되어 β-엔도르핀이 분비되면 자신의 내부에 잠자고 있던 재능이 움직이기 시작한다. 우뇌에 저장된 기억이나 정보는 자유로 끌어낼 수 있기 때문에 평소 β파일 때에는 생각지 못한 재능이 발휘될 수 있는 것이다. 이런 것이 α파의 최대의 이점이라 말할 수 있을 것이다.

뇌파를 α파로 만드는 요령은 좌뇌를 쉬게 하는 것이다. 우뇌와 좌뇌를 비교하면 평소에는 좌뇌가 우뇌보다 위에 있다. 말하는 것과 계산, 논리를 관장하는 좌뇌는 이성의 자리이다. 또한 인간이 눈을 뜨고 사회 속에서 행동하고 있을 때는 거의 좌뇌 세계에 있다.

좌뇌는 태어났을 때부터 받은 자극을 전부 저장하고 있다고 생각하면 된다. 그러나 되풀이해서 자극을 받으면 우뇌 쪽으로 삽입 되어 간다. 우뇌에 삽입 되면 이것은 유전자에 새겨져 영구 보존하게 된다.

태어날 때부터 그림 재능이 있거나 예민한 소리 감각을 갖고 있는 것은 선천적 재능이 오래전 인간의 뇌에 새겨진 것이 그 아이의 단계에서 진화된 것이라 할 수 있다.

그러나 어느 누구라도 선천적 재능은 잠재되어 있기 때문에 , 그것을 활용하는 누구든 천재가 될 수 있을 것이다.

교육이란 그 인간의 가장 좋은 재능을 발견하기 위하여 행하는 것이어야 하며 그렇게 하기 위해서는 지금 같은 획일적인 교육시스템으로는 어렵다. 다양성과 창의성을 요구 하지 않는 교육은 재능의 싹을 키울 수가 없기 때문이다.

일부 학자는 창의력 사고가 문제해결 능력이 있고 문제해결 능력이 곧 창의력이라고 한다. 오늘날 우리의 교육시스템을 대학입시를 향한 획일화된 교육이라는 것을 부인할 수 없을 것이다. 통일규격에 평균점만 좋으면 좋다는 교육은 어떤 방면에 빼어나게 우수한 재능이 있더라도 다른 것이 뒤떨어지면 재능은 묻혀버리는 것이다. 그런 교육은 오래된 기업에 도움 되는 사람을 만든 것이다. 이는 좌뇌만을 써서 효율 좋은 기계를 만들고 있는 것과 같다. 전쟁 후 부흥기에는 그것도 필요했는지 모르지만 지금은 아무 소용이 없다.

　우뇌를 쓸 수 있다면 가장 좋을 것이다. 노르아드레나린과 아드레나린은 자신이 의식해서 에너지를 발생하지 않으면 나오지 않는다. 우뇌를 많은 에너지를 쓰지 않고 효율 좋게 도파민을 활용할 수 있기 때문이다. 절약한 에너지로 모두가 개성을 갖고 자신의 최고 능력을 발휘할 수 있게 된다면 세상은 좋은 방향으로 변화할 것이다. 그렇게 하기 위해서도 뇌 속에 모르핀을 분비하게 하는 교육, α파 상태로 될 수 있는 교육이 필요하다..

　개인이 그 같은 상태를 만들어 내려면 방법은 있다. 최근에는 뇌파계로 자기 뇌파상태를 곧 알 수 있다. 그것을 사용해서 자기 파를 어떻게 하면 α파로 되는가를 알고 가급적 그 상태의 시간을 많이 갖는 훈련이 필요하다.

　또 한 가지는 신념 갖는 일이다. 인간은 누구나 자기 나름의 신이라는 절대적 존재, 혹은 동경하는 세계를 갖고 있는 것이다. 그것을 통상 우리들은 신념이라고 말한다. 신념을 가지면 사물에 움직여지지 않고 플러스 발상도 하기 쉽게 된다.

14. 행복한 뇌가 행복한 순환을 만든다.

　행복한 뇌는 뇌가 가장 쾌적한 상태에 있을 때이다. 영양이 골고루 미쳐 있고, 휴식이 갖추어져 있으며 자극이 알맞을 때 뇌는 가장 행복한 상태로 된다. 이 같은 때는 행복한 뇌가 행복한 순환을 만들어 낸다.

행복한 뇌 즉, α파일 때에는 플러스 방향으로 뇌의 신경세포인 뉴론과 뇌 회로가 자란다. 그러면 기억력, 사고력, 창의력, 적응력이 높아지고 자연히 일이나 공부 등의 성과가 오른다. 또 조그만 한 것에도 행복감을 느낄 수 있어서 마음의 여유도 생긴다. 때문에 남에게도 부드럽게 할 수 있고 감사할 줄도 알고 대부분의 인간관계도 좋아질 가능성이 높다.

행복한 뇌로서 일의 성과가 오르고, 남에게 부드럽게 할 수 있게 되니까 지금보다 더 행복한 상황을 주위에 끌어당길 수 있게 된다. 사랑이 성취되고 화목한 가정이 될 가능성도 높아질 것이다. 그 같은 좋게 된 일로서 뇌 속에 쾌감 물질이 분비되고 더욱 행복한 상태로 될 수 있는 것이다.

즉, 행복한 뇌를 만듦으로서 '행복한 뇌 → 뇌힘 상승 → 행복을 느끼기 쉽게 되고 → 행복한 일을 끌어당기며 → 행복한 느낌이 더욱 증대'라는 좋은 순환이 생겨나는 것이다. 반대로 불행한 뇌 일 때에는 슬픔이나 분노가 더욱 불행을 불러드리는 악순환에 빠지고 불행의 순환으로 되어 버린다.

15. 뇌가 기뻐하는 좋은 자극을 계속 보내자.

우리들의 뇌는 태어날 때 있었던 상태로 계속 있는 것이 아니다. 공부하고 훈련함으로서 우리들의 뇌는 변화한다는 것을 알게 되었다. 되풀이 말하면 신경돌기가 뻗어가고 가지가 나뉘어져 늘어간다. 그러면 멀리 있는 뇌세포와 연락이 닿게 되고 더 많은 신경세포에 정보를 보내고 받을 수 있는 것이다.

그것은 신경돌기로 다른 세포에 정보를 보내고 그 돌기에 다른 세포 돌기가 접속해서 그 결과 다른 세포로 부터 정보를 얻을 수 있기 때문이다

또한 뇌 세포는 70세를 넘어도 증가한다고 한다. 뇌세포가 증가 하는 요인은 운동, 자극적 환경, 공부에 있다. 즉, 두뇌를 쓰면 뇌는 효율이 좋은 뇌가 되는 것이다. 여기에서 주의할 것은 이 같은 신경의 연결은 기억이나 생각, 계산 같은 작용에만 한정된 것이 아니다.

우리들의 뇌는 사물을 종합적으로 판단하고 기획하는 활동은 전두엽에서 한다. 이성적으로 계획하고 판단하며 절제의 중추역할기능을 하는 것이다. 전두엽이 건강할 때 인생에서 최고의 상태가 된다. 이는 의지하는 힘이 발휘하여 나쁜 습관이나 정보를 통제하여 건강한 자아를 만들어 내기 때문이다.

또 우리들의 뇌는 감정을 관장하는 변연계 부분이 있는데 이곳은 자극으로 성냄, 공포, 불안이나 기쁨, 쾌감, 정신안정 등을 갖고 오게 한다. 우리들이 책을 읽고 건강해지고 쉽다든가, 무엇인가에 감동해서 자신도 뜻있는 인생을 보내고 싶다고 생각하면 뇌의 언어중추, 시각영역 등의 오감을 관장하는 부위에서 변연계, 전두엽 등으로 자극을 보내게 되고 또 전두엽으로 부터는 감정 등을 관장하는 변연계와 연관되어 있다.

그리하여 뇌의 신경세포의 활동 원리로서 언제나 쓰고 있는 연락은 강화되고 쓰지 않는 연락은 잃어간다.

예를 들면 책을 읽고 기쁨을 느끼면 시각영역에서 말을 이해하고 그것이 측자핵과 중격핵 같은 기쁨을 느끼는 부분을 자극하지만 이 같은 것을 계속하면 뇌의 기쁨을 느끼는 부위신경의 연결은 강력해지고 작은 자극에도 즐거운 생각을 가질 수 있는 것이다.

또 마음을 자극해서 하려는 의욕을 일으키는 책을 읽으면 뇌간의 봉선핵에서 편도체, 선도체, 전두엽 등으로 가는 신경으로부터 셀로토닌을 많이 분비할 수 있게 되는 것이다. 그러면 마음은 희망에 차고 꿈에 넘치게 된다. 또 중요한 것은 밝은 생각이 계속되면 어두운 생각을 내게 하는 대상회나 편도체의 혈류가 줄어 그 활동을 저하시킨다는 것이다.

즉, 뇌는 자신이 어떻게 생각하고 어떻게 느끼는가에 따라 차츰 그 생각이나 느낌에 맞는 뇌로 변화해 가는 것이다. 이렇게 생각하면 우리들은 매일같이 뇌를 고쳐 만들고 있다고도 할 수 있다. 또 뇌를 밝게 느낄 수 있게 바꾸느냐, 어둡게 느낄 수 있게 바꾸느냐 하는 것은 우리들이 하기 나름이다.

사람이 우울한 기분이 되는 것은 평소부터 자신의 뇌의 구조적 계획에 무관심하고 자신의 감정에 막긴 채로 살아 왔기 때문이다.

참고문헌

腦波學 明好鎭 감수, 하나 醫學社 발행

腦 金基錫 譯 (역)星苑社 발행

신비한 인간 뇌 해부학 입문 존 P. 핀엘, 매기. 에드웨드 공저 학지사 발행

右腦革命 林幹雄著 CHC社발행

腦肉開發 石井勳著藏書房 발행

腦 속의 過程 養老孟可著 哲學書房 발행